PEQUEÑO MANUAL
DE LAS MADRES DEL MUNDO

a a a b b b b c c c d d d e e e f f f g g g h h h

GUSTAVO MARTÍN GARZO

PEQUEÑO MANUAL DE LAS MADRES DEL MUNDO

Ilustraciones de Cristina Blanch

RQueR editorial

Gracias a Claudia y Poldo, a Jinkie y Winkie,
a Cristina y Adrià, a Elisenda y Guillem,
a Blanca y Nicolás, a Mercè, Raúl y Carla,
a Marta y Pía, a Eli y Rita, a Berta y Guille,
a Mónica, Alma y Linus, y a Milena y Noé,
por aceptar ser protagonistas de la portada.

DISEÑO
EVA BLANCH Y OSCAR TUSQUETS BLANCA

PRIMERA EDICIÓN:
NOVIEMBRE 2003

PUBLICADO POR
RqueR EDITORIAL
CALLE CAVALLERS, 50
08034 BARCELONA-ESPAÑA
rqr@rqr.es

ISBN: 84-933263-1-3
DEPÓSITO LEGAL: B-46.979-2003

MAQUETACIÓN
ESTUDI MONTSE CORRAL

IMPRESIÓN Y ENCUADERNACIÓN
ROMANYÀ VALLS

Printed in Spain

A Carmen Balcells

NOTA DEL AUTOR:
Debo las palabras de Shakespeare de la cita inicial a unas declaraciones recientes de Tomás de Segovia, aparecidas en el suplemento Babelia del periódico *El País*, cuya lectura aconsejo con vehemencia. La frase entrecomillada con que termina el relato "Los niños deformes" es de Guillaume Apollinaire, de su poema "La linda pelirroja". El verso completo, en versión de Octavio Paz, dice así: "Queremos explorar la bondad comarca inmensa donde todo se calla".

/1/
LAS MADRES TRAPECISTAS

L o primero que pensaban las madres trapecistas cuando por fin tenían a su bebé en
los brazos era que había llegado el momento de abandonar su profesión. Una profesión
ciertamente envidiable y hermosa, pero también
bastante insensata, que las forzaba a asumir riesgos poco compatibles con aquella nueva responsabilidad, ya que atender a un recién nacido durante las primeras semanas de la vida era una de
las cosas más absorbentes y llenas de incertidum-
bres que existían. De modo que, a su regreso del
hospital, anunciaban a bombo y platillo en el cir-

co su propósito de retirarse. Sus compañeros, especialmente los más experimentados, asentían con la cabeza, aun sabiendo, por otros casos como ése, que no debían tomarse demasiado en serio aquella decisión. Es difícil haber probado el aire del trapecio y olvidarse de él. Era como una droga, porque allí arriba, en el trapecio, parecías tener algo de lo que los demás no sabían nada. Y en efecto, pasados esos primeros meses de atenciones y dulces sobresaltos en que los cuidados de aquel bebé ocupaban todo su tiempo, las trapecistas volvían una tarde a dejarse caer por el circo, y unos días después, como el que no quiere la cosa, estaban de nuevo colgadas en el trapecio. Y, aunque durante las primeras semanas se mostraran demasiado cautas, rehuyendo los números más arriesgados, muy pronto sólo vivían para descubrir esas nuevas formas de hacer posible lo que no lo parece, que es la eterna búsqueda del trapecio. Y poco a poco sus ojos y piel volvían a adquirir ese brillo incomparable, en todo semejante al que se produce al hacer el amor, que era la causa de su indiscutible poder sobre los hombres. Como si allí arriba, junto a la carpa, llegaran a vivir una vida distinta, una vida que nada tenía que ver con aquella que llevaban en el suelo, ni estaba sujeta a las mismas obligaciones o leyes, y en la que incluso llegaban a olvidarse de sus propios nombres y sus propias familias. Tal vez por eso, cuando regresaban a sus casas y volvían a encontrarse con sus bebés, las embargaba un sentimiento de culpabilidad que las llevaba a hacer todo lo posible para mantenerlos apartados de aquel mundo lleno de riesgos y de estricta amoralidad que era el mundo vertiginoso del trapecio. Se volvían entonces extremadamente protectoras y les llevaban a colegios de frailes y monjas, tratando de que el día de mañana se inclinaran por alguna de esas profesiones -médicos, maestros, ingenieros de caminos o técnicos de telecomunicaciones- que quieren para sus hijos e hijas los padres y madres normales. Nada que tuviera que ver con aquel mundo de locos maravillosos, de criaturas extrañas y de dulces perversidades, que era el mundo del circo. Pero también esto duraba sólo un tiempo y, sin duda, el día más feliz de la vida de las madres trapecistas era aquel en que, al entrar en la habitación de su hijita para darle las buenas noches, se la encontraban dormida con toda naturalidad en lo alto del armario.

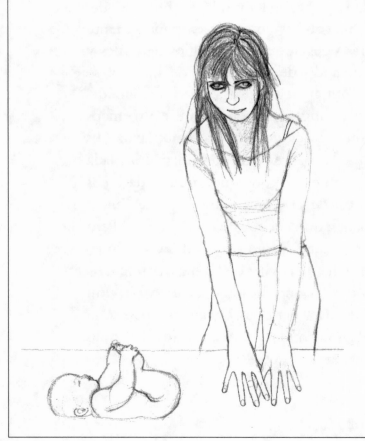

/2/
LAS MADRES CIEGAS

Las madres ciegas habrían dado todo lo que tenían y eran por llegar a ver a sus pequeños, aunque sólo fuera un instante que no se pudiera repetir jamás. Es cierto que ellas tenían los deleites del tacto, los dones indefinibles del gusto y el olfato, que eran diestras en explorar los misteriosos desfiladeros por los que se propagaba el sonido, y que la naturaleza les había dado el arte de trazar esas formas secretas del mundo que componen el mapa de nuestros sueños. Pero ¿cómo eran sus niños de verdad? Cuando las otras madres hablaban de sus sonrisas encantadoras, ¿a qué se referían? Aún más, ¿qué era exactamente una sonrisa? ¿Cómo eran sus ojos, y qué quería decir que brillaran sus lágrimas? Si ellas se reían al verles correr y moverse, ¿qué era exactamente lo que causaba su embeleso? ¿Llegaban los niños a volar, se subían a los árboles, andaban sobre las manos? La madre ciega iba guardando todas estas preguntas en su corazón, y envidiaba a las madres normales, que no necesitaban hacérselas, ya que para ellas todo era sencillo porque les podían ver. Bueno, así había sido siempre en su vida, desde que de pequeñas habían descubierto que las otras niñas tenían un sentido del que ellas carecían, y que el mundo no sólo se podía palpar, olfatear, gustar y oír, sino que también se podía ver, aunque no supieran exactamente en qué consistía esa posibilidad nueva. Pero se habían acostumbrado a vivir así, e, incluso cuando habían llegado a enamorarse, habían suplido, especialmente gracias a sus insospechadas aptitudes para el tacto, esa importante carencia. Pero ahora no podían seguir haciéndolo, pues era como si la imposibilidad de ver a sus hijos las privara de una parte de su ser, puede que la más encantadora e irresistible, y ya se sabe que el amor quiere la totalidad de lo que ama. Y eran muy desgraciadas por esta razón. Pero lo que no sabían es que las madres normales, cuando se las encontraban, no podían dejar de preguntarse cómo se imaginaban ellas a sus propios bebés. ¿Ver con los ojos de una ciega, se preguntaban llenas de indefinibles anhelos, no era la forma suprema del amor? Es verdad que la vista proporcionaba numerosos deleites, pero ¿no era fuente también de numerosas limitaciones? Por ejemplo, las ciegas eran más libres, porque podían imaginar a sus hijos como quisieran y porque para ellas, sobre todo, no existía la fealdad. Por eso, y en la intimidad de sus cuartos, muchas noches las madres normales cerraban los ojos y acariciaban y olfateaban a sus niños preguntándose cómo sería ese mundo que se abría ante las yemas de sus dedos y que sólo las madres ciegas eran capaces de recorrer. Cómo era ese mundo que hacía de su bebé algo parecido a un río sin orillas, a una duna en el desierto, a un golpe de viento cargado de aromas nuevos, al sabor de una fruta jamás probada, y cuyos gritos y parloteos se confundían con las llamadas de los animales ocultos. Y por qué la naturaleza no les había dado a ellas, como a las madres ciegas, la capacidad de perseguir ese cuerpo infinitamente moldeable, de indefinibles formas, que era el cuerpo siempre inagotable y nuevo que reclamaba el amor para cumplirse.

/3/
LOS SANTOS INOCENTES

Puede que, de todas las historias que existían, la historia de la matanza de los Santos Inocentes fuera la que más hacía sufrir a una recién parida. Herodes, el rey de los judíos, después de querer servirse inútilmente de los Magos de Oriente para localizar al pequeño que amenazaba su trono, había decidido dar muerte a todos los niños menores de dos años. Y ellas no podían dejar de imaginarse lo que tenía que haber sido estar tranquilamente en sus casas, en el pueblo de Belén, viendo la televisión, y que los soldados de Herodes irrumpieran en la noche para quitarles a sus niños queridos. Aquel espectáculo de las cabecitas y los miembros diseminados por las calles, como los frutos arrancados a destiempo de una huerta, hacía que su corazón se llenara de una indescriptible angustia. Por eso, nada amaban más, en esos primeros meses de la crianza, que los viajes inesperados. Cierto que no era cómodo cargar con todos los bártulos que exigía la atención a un bebé, pero no lo era menos que nunca querían más a sus maridos que cuando éstos regresaban a casa y sin aparente razón les proponían hacer un viaje los tres juntos. En realidad, sus maridos se limitaban a decirles que podían pasar el final de semana en aquel pueblecito de la costa que tanto les gustaba, pero ellas les veían ocupando el lugar de José y diciéndoles enigmáticos: "Mujer, coge en tus brazos al niño y sígueme". Preparaban entonces sus cosas y, casi a escondidas, corrían detrás de ellos hasta el coche, con sus bebés apretados fuertemente contra su pecho. Y entonces, nada les gustaba más que tener durante el viaje pequeños percances. Una rueda que se pinchaba y que había que cambiar mientras caía la lluvia, una confusión que les llevaba por un camino equivocado, o que en el primer hotel en que se detenían no tuvieran sitio para albergarles. Y esa noche, cuando por fin estaban a resguardo y sus niños dormían plácidamente en sus cunas, se entregaban a su marido con el fervor de aquella primera vez en el asiento trasero de su coche. Y eran dulces como las celdas de las colmenas, atrevidas como las abejas, olorosas como el cáliz de las flores. Entonces, cuando habían terminado el largo y agradecido acto de amor, y sus maridos, completamente exhaustos, ya estaban soñando, se levantaban en silencio de su lado y, acercándose a la cuna, les decían a sus pequeños con una sonrisa enigmática: "Menudo hijo puta ese Herodes, ¿a que nos hemos salvado de milagro?".

/4/
LAS MADRES CANGURO

No era fácil ser madre canguro. Los canguritos estaban tan a gusto en esas bolsas que ellas tenían en la barriga que, ni siquiera cuando eran tan mayores que apenas cabían dentro, resultaba fácil convencerles de que las abandonaran. Esto, como es lógico, solía ser para ellas causa de numerosos problemas, sobre todo de importantes dolencias de espalda. Y no es que fueran las madres canguro las que se empeñaran en que sus hijos siguieran en sus bolsas, sino que eran ellos los que no se querían independizar. Por una razón muy sencilla, porque esas bolsas eran lo más parecido al paraíso que se podía encontrar en esta tierra. Por eso, cuando crecían, siempre eran ellas las que tomaban la decisión de dejarlos. Lo hacían sin previo aviso, cuando más entretenidos los veían, echándose a correr en línea recta. Entonces, y aunque les sintieran perseguirlas, tenían que evitar volverse. Los pequeños canguros tienen los ojos más dulces que existen, y sabían que, de mirárselos, tendrían que regresar a su lado. Las madres canguro llegaban a correr días enteros para evitar esto. Entonces venía lo peor, pues tenían que acostumbrarse a la soledad. Añoraban terriblemente sus barrigas llenas y, por un tiempo, eran capaces de cargar en ellas lo primero que se encontraban. Los granjeros lo sabían y, al ver a una cangura así, sabían que tenían que andarse con ojo, sobre todo con los balones de fútbol, los pequeños corderos y los bebés. Eso era lo peor, cuando robaban un bebé humano. Y no porque pudiera pasarle algo, que lo cuidaban maravillosamente, y era muy fácil recuperarlo, pues solía invadirlas una dulce somnolencia, sino que ese bebé, una vez que había estado unas horas con ellas, no volvía a ser el mismo. ¿Quién sabe lo que llegaban a experimentar en sus bolsas? El caso es que, cuando volvían con sus madres verdaderas, no eran igual de entusiastas con sus caricias y llegaban a mirarlas con una vaga decepción en sus ojos, como si les estuvieran diciendo dulcemente: "Lo siento, no es así". Por eso las madres humanas odiaban a las canguras, y pedían a sus maridos granjeros que las mataran, si acaso se acercaban a sus casas y pueblos. De hecho en Australia, que era la tierra de los canguros, prácticamente habían llegado a desaparecer por esta sola razón. Ellas, las madres australianas, eran de natural apacible y compasivo, como todas las madres, pero, tratándose de sus propios bebés, no podían admitir fácilmente que hubiera nada más maravilloso que sus brazos. Y pensar en sus competidoras las canguras les creaba una enorme inseguridad.

EL NIÑO LAMA

Algunas madres no se conformaban con la idea de haber tenido niños normales, que hubieran venido al mundo sin una razón definida o una tarea que cumplir, como pasaba con todos los niños del mundo. Lo tenían claro desde el primer momento, cuando, tras el parto, las monjas o enfermeras los ponían en sus brazos. Les bastaba, de hecho, con mirarlos un momento para tener la certeza de que había en ellos algo distinto, único, que nada tenía que ver con lo que habían visto en otros recién nacidos. Algo así como una señal en la frente, el signo de que habían venido al mundo a cumplir una misión. "He tenido un niño lama", pensaban entonces para sí. Y, aunque al principio se callaban y trataban de disimular lo que sabían, muy pronto sus actitudes altaneras y un poco desafiantes no dejaban ninguna duda acerca de cuáles eran sus pensamientos secretos. Se notaba incluso en cómo llevaban a sus bebés por la calle, ya que no se limitaban a pasear con ellos en sus cochecitos como hacían las otras madres, dispuestas siempre a mostrarlos con orgullo, sino que su paseo era como una demostración. "¿Te has fijado?", parecían decirte cuando se encontraban contigo en las estrechas aceras. Y en sus ojos revivían las imágenes de los sherpas tibetanos, de los los yacks peludos y de aquellas cumbres imponentes a cuyos pies se levantaban los monasterios en que se aguardaba la noticia de la nueva reencarnación de su lama. Y su locura podía ser tanta que si alguna vez, en efecto, aquellos monjes llegaban a aparecer en su casa para reclamarles el niño, ellas no dudaban en dárselo, por pensar que su sacrificio no era nada al lado de la alta misión que le aguardaría en aquel mundo remoto de glaciares eternos y de rododendros en flor.

/6/
LAS MADRES TEMEROSAS

Era normal que las madres se angustiaran por cualquier cosa, pues los niños pequeños no sabían defenderse y vivían ajenos a los peligros del mundo. Pero ese temor podía hacerse en algunas tan obsesivo que llegaba a amargarles la vida. Eran esas madres que siempre andaban temiendo que a sus niños les pudiera pasar lo peor, y que si por ellas fuera llegarían a cambiar la naturaleza y el orden mismo del mundo para evitarlo. De forma que no sólo seguirían a sus hijos e hijas a todos los sitios, como resolutivos guardaespaldas, sino que mandarían limar las esquinas de mesas y muebles, tapar los pozos, prohibir el tráfico de coches y de bicicletas, y hacer desaparecer del mundo las tijeras, los cuchillos y hasta los tenedores. Lo peor era cuando una de estas madres llegaba a ser alcaldesa. Ríos canalizados bajo tierra, casas de un solo piso, un pediatra al servicio exclusivo de cada familia... No existía ayuntamiento que pudiera resistir los gastos ocasionados por esta obsesión protectora, y todos terminaban en bancarrota. Pero había que saber disculparlas. No se sabía por qué, pero la belleza siempre iba asociada al sentimiento de la fragilidad y el peligro. Eso pasaba con un pequeño ciervo, nos bastaba con verle correr por el bosque para que al instante imagináramos lobos, osos o malignos cazadores furtivos agazapados tras los matorrales. Eso era lo bello, lo que estaba amenazado. Y, para una madre, su recién nacido se confundía en todo con ese cervatillo que bajaba a beber a la orilla del lago. A nadie podía extrañarle por eso que lo pasaran fatal cuando finalmente tenían que dejarlo solo en esa selva sombría que era el mundo para ellas.

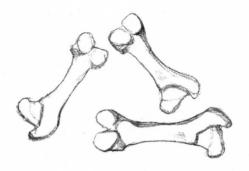

/7/
LAS OGRESAS

L o peor de las madres de los ogros era su terrible apetito. No era, en absoluto, que no quisieran a sus hijos. Es posible, de hecho, que pocas madres hubiera en el mundo que quisieran más a los suyos, sólo que tenían que luchar contra esa naturaleza devoradora de carne que como ogresas les correspondía. Y esto las hacía sufrir terriblemente, pues les bastaba con ver a sus ogritos y ogritas recién nacidos, para que, al encontrarlos tan guapos, sintieran unas irresistibles ganas de comérselos. Por eso, la crianza era para ellas un auténtico infierno. Como todas las madres, se veían obligadas a bañarles y a cambiarles, a darles de comer y a dormirles, y, como a todas ellas, nada les parecía más hermoso en esos momentos que el bebé que tenían que cuidar y atender. Pero su problema, al contrario que el de las otras madres que existían, humanas y no humanas, era que cuanto más hermosos los veían más apetecibles les resultaban. Y más ganas, por tanto, les entraban de comérselos. Por eso, no había escena más dolorosa que asistir al momento en que, tras no poder resistirse más, una ogresa finalmente se estaba comiendo a su hijita, mientras enormes lágrimas corrían por sus mejillas. Dicho así parece una barbaridad, pero puedo aseguraros que no había en el mundo una escena de amor más delicada y tierna. "Qué culpa puedo tener yo -parecían estar diciendo mientras besaban y lamían los huesecillos que iban quedando en la mesa- de que fueras una ogrita tan guapa."

/8/
LOS NIÑOS MUERTOS

Eso era lo peor, que se murieran los niños. La madre a la que esto le pasaba estaba perdida para siempre. Porque no era sólo que después de muerto se acordara de él y de todas las caricias y besos que ya no podría darle, sino que no podía dejar de fantasear con lo que habría llegado a ser cuando se hubiera hecho mayor. Pues todas las madres creen que sus hijos son especiales y que han venido al mundo para llevar a cabo grandes cosas. Eso es lo que piensan cuando finalmente les ven acostaditos en sus cunas, después del trabajo tan grande que supone echarles al mundo: que están allí por alguna

poderosa razón, aunque todavía sea demasiado pronto para conocerla. Por eso, si acaso se
mueren, no pueden dejar de preguntarse cuál
habría sido esa razón. Y entonces, al dolor que
experimentan por la felicidad perdida se suma
el que nace del sentimiento de que el mundo
quedará incompleto para siempre. Y hasta
pueden llegar a obsesionarse tanto con eso que
su niño estaba destinado a hacer y que ya nadie
podrá realizar en su nombre, que pierdan la
ilusión de vivir. "¿Para qué seguir viviendo -se
dicen entonces-, si ya nunca podrá saberse lo
que era?"

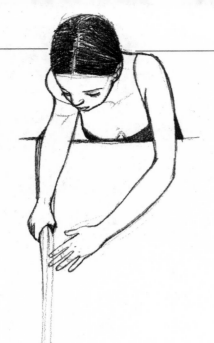

/9/
LAS MADRES IMPRUDENTES

Pero también había madres que amaban los peligros. Eran esas madres que enseguida animaban a sus hijos a andar en bicicleta, a encender cerillas o a lanzarse a la piscina desde los trampolines. Es verdad que no suelen abundar, pues lo normal es que las madres sean temerosas y cautas, pero siempre hay alguna que cuando sueña con el futuro de su hijo no le ve visitando a los enfermos, en una tribuna de oradores o en un despacho de abogado, sino ascendiendo por paredes verticales, enfrentándose al misterio de las profundidades marinas o arrastrado por las corrientes en avionetas leves como el papel. Bomberos, lanzadores de puñales, pescadores de perlas, directores de cine, éstas son las profesiones que desean para ellos. Y no porque quieran, por supuesto, que les pase algo, sino porque, al mirarlos, los encuentran tan guapos e irresistibles que quieren para ellos lo mejor. No una vida monótona y aburrida, donde todo es previsible, sino una que de verdad hiciera justicia al misterio de su belleza. "¿Por qué no?", dice siempre ese misterio. Y al menor descuido ya las tienes encaramadas con ellos a la rama de un árbol o paseando de su mano por las azoteas.

/10/
LAS MADRES ASOMBRADAS

Que las recién paridas necesitaran un tiempo para adaptarse a esa pequeña criatura
que ahora descansaba en su cuna era algo
que cabía considerar normal. Pero había algunas
que jamás superaban ese pasmo inicial, y para ellas
esa relación que establecían con su hijo nunca

dejaba de estar marcada por el asombro que les había producido su nacimiento. Eran esas madres que se levantaban por la noche y se acercaban furtivamente a sus cunas como para comprobar si aún continuaban allí. Y no es que temieran que alguien hubiera podido entrar en su casa para raptar a su bebé, como les pasaba a las temerosas, sino que simplemente hubieran desaparecido, porque no les pertenecían. Eso eran los niños para ellas, algo que aparecía misteriosamente a su lado, pero que en absoluto podían sentir como propio ni como algo que tuviera que ver con sus vidas ni mucho menos con su sexualidad. Como esos pájaros que inesperadamente entraban en las casas de los hombres, y que, de la misma forma que cogían la cálida costumbre de visitarlas, un día se iban para siempre para seguir con su vida de pájaros. Por eso, cuando te encontraban por la calle, y te veían acercarte a sus bebés, te hacían todo tipo de gestos advirtiéndote que tuvieras cuidado. Y luego, al despedirte de ellas, las descubrías mirándote con una expresión de susto y temor, que llenaba tu corazón de congoja. "¿A que no tengo que hacerme ilusiones?", parecían preguntarte con los ojos llenos de lágrimas. Ibas a contestarles que no era para tanto, y que lo normal es que los niños se queden años enteros con sus madres, en muchos casos hasta dejarlas aburridas y exhaustas, cuando las descubrías alejándose a toda prisa por la calle que la lluvia acababa de mojar, prisioneras de su propio milagro.

/11/
LAS QUE SE INFANTILIZAN

Y había mujeres que parecían volverse niñas cuando parían. Como si no fueran ellas las que habían traído al mundo a su bebé, sino que hubieran llegado los dos a la vez, en el mismo y doloroso parto, como sucedía con los hermanos gemelos. Solían modular su voz hasta hacerla parecer infantil, ponerse vestidos holgados, y hasta imitar los gestos bruscos y luminosos de su pequeño, ya que en todo se confundían con él. Vivían para cuidarlo y darle cuan-

to necesitaba, como hacían las otras madres del
mundo, pero no con esa actitud encantada y
condescendiente con que éstas solían hacerlo,
sino como si fuesen su igual. Por eso, nada les
gustaba más, al llegar la noche, que acostarse a su
lado y cerrar los ojos con el pensamiento puesto
en ese sueño en que volverían a encontrarse lejos
de la tristeza y los peligros del mundo. Tan iguales
en todo como dos gotas de agua, como las alas de
los pájaros, como las manecillas de un reloj.

45

LAS MADRES DESCONFIADAS

E stas madres vivían la maternidad como un desvelo eterno. Se despertaban en plena noche y corrían al cuarto de sus hijas, dispuestas a enfrentarse al intruso que se las quería robar. Buscaban a ese intruso por los tejados, cuando bajaban las escaleras, en los ojos de los tenderos y los automovilistas. Cuando se encontraban con alguien por la calle, vigilaban cada uno de sus gestos, trataban de leer en sus ojos los pensamientos malignos, al objeto de anticiparse a ellos. Si acaso no veían sus manos, porque las llevaba en los bolsos, o debajo del abrigo, las imaginaban aferradas a un objeto cortante, un martillo, un arma insidiosa, de la que en cualquier momento se servirían para llevar a cabo su perverso propósito. Sus niñas eran una tentación demasiado fuerte, y cualquiera, el amigo de toda la vida, el compañero de colegio, el ex amante, podía ser el desaprensivo que viniera a arrebatárselas. Vivían en ese sobresalto eterno, y bastaba con que alguien se les acercara cuando las llevaban por la calle, para que permanecieran en una agotadora tensión, como si aquellos encuentros fortuitos que a las otras madres llenaban de gozo a ellas las hicieran sufrir extraordinariamente. Las dominaba una desconfianza que parecía venir, como la de las leonas, de la oscura memoria de la sangre, de las matanzas en la selva y las dolorosas urgencias del celo. Luego, al finalizar el día, estaban tan agotadas que se dormían ovilladas sobre sus hijitas, protegiéndolas con su propio cuerpo, como si fuera un círculo de fuego. Pero sólo para despertarse poco después, con todos los sentidos aguzados, cuando sentían los pasos del vecino en las escaleras.

/13/
LAS MADRES DADIVOSAS

Pertenecían a esa clase especial de seres que sólo saben disfrutar de las cosas a través de los demás. De niñas solían dar a sus compañeras y amigas todo lo que tenían, los lapiceros, los compases, las gomas del pelo, la merienda. Si iban con una amiga a la pastelería y sólo tenían dinero para comprarse un pastel, preferían que fuera su amiga quien se lo comiera; cuando salían con chicos, éstos conseguían con facilidad lo que querían, pues negarles algo les habría parecido una descortesía imperdonable.

Y no es que ellas no tuvieran deseos, sino que lo que verdaderamente las fascinaba eran los deseos de los demás. Vivían para satisfacer esos deseos, puede que porque ellas mismas fueran incapaces de sentirlos, o al menos con el mismo grado de intensidad. ¿Importaba saber la razón? En realidad el mundo estaba lleno de seres así, cuya vida era ese estar a la escucha de lo que querían los otros. Los grandes cocineros, las chicas de los clubs, los gondoleros que paseaban a los enamorados, los escritores y los cineastas, pertenecían a este tipo de seres que, después de ayudar a las novias a bañarse y a preparar su ajuar, las acompañaban hasta los brazos de sus amantes limitándose a pedirles que tuvieran cuidado. Por eso, cuando alguna de ellas tenía finalmente un niño, se transformaba para él en una madre maravillosa, que sólo vivía para satisfacer sus caprichos. Pero también tenía reacciones extrañas que sus conocidos y familiares no podían entender. Por ejemplo, cuando en los paseos soleados se encontraba con una amiga, y de pronto, al verla inclinarse sobre sus hijitos con el rostro iluminado por el deseo, le decía sin pensárselo: "¿Te gusta? Pues si quieres te lo doy".

/14/

LAS MADRES SUBLIMES

Algunas madres se comportaban como las actrices de la época dorada de Hollywood. Estaban convencidas de haber venido al mundo para ser adoradas, y todo tenía que subordinarse a esa escenografía rutilante de la que sólo ellas podían ser el centro. Por eso, cuando alguna vez llegaban a tener un niño, éste pasaba a ser un elemento más de un mundo en el que no cabía ni un solo momento de intimidad ni sosiego. Soñaban con nubes de paparazzis acompañándolas en sus paseos, preparando reportajes para las revistas del corazón, y hasta cuando les cambiaban los pañales se imaginaban iluminadas por focos que transformaban aquel acto un poco asqueroso en una demostración de lo lejos que estaban dispuestas a llegar. De hecho, ya antes, en los brazos de sus amantes, se habían comportado como si la única historia que de verdad mereciera la pena fuera la suya. Era inevitable que sus hijos las miraran llenos de desconcierto y angustia, ya que quién podía saber el papel que les tocaría cumplir en esa historia. ¿Quién les aseguraba, por ejemplo, que ese simple paseo por el parque no iba a terminar con una caída por un terraplén y que al final el ataúd ante el que sus madres alcanzarían su interpretación más sublime no sería el que guardaba su cuerpecito yerto?

/15/
LOS NIÑOS DEFORMES

No había pareja más disímil y extraña que la formada por las madres y sus hijos deformes. Muchos de estos niños apenas sostenían la cabeza y no llegaban a hablar nunca, o, a lo sumo, sólo para decir palabras sueltas con voces oscuras y terribles, que llenaban de estremecimientos a quienes las escuchaban, pero que ellas recibían como un regalo del cielo. Era extraño ver a estas madres llevar de un lado para otro a esos niños disparatados, que, sin embargo, ellas se empeñaban en exponer sin vergüenza ante la vista de los demás. Que llegaban a hacerse tan grandes que tenían que cargarlos con esfuerzo, como esas vírgenes que en los retablos de las iglesias querían contener inútilmente en sus brazos el cuerpo de su hijo crucificado. Que, como ese hijo, tenían un cuerpo desarticulado y enorme, del que no podían hacer vida por mucho que lo intentaran. Y que, aun así, se empeñaban en seguir atendiendo, como si las animara un oculto designio que sólo ellas conocían. ¿De dónde sacaban las fuerzas para continuar? ¿Cómo era posible que, como hacía la gente con sus mascotas en los meses de verano, o los hijos con sus padres ancianos y enfermos, no les abandonaran en el bosque o en pulcras residencias donde, como en acuarios gigantescos, pudieran seguir haciendo sus lentos movimientos eternos? Pero ellas les entregaban su vida sin razón y sin esperar nada, sabiendo que apenas hallarían en ellos algo que justificara aquella entrega. Y lo extraño era que esa vida sin misterios se transformaba por obra de ese amor en la más misteriosa de todas. Por eso, las otras madres, cuando finalmente habían acostado a sus hijitos e hijitas normales, y se disponían a irse de su cuarto después de haberlos mirado por cuarta o quinta vez, pues a esas horas eran tan hermosos que no se cansaban de hacerlo, siempre tenían un pensamiento para estas madres y sus hijos disparatados y pedían en sus oraciones que las ayudaran a conocer el misterio de la bondad, "esa comarca inmensa donde todo se calla".

/16/
LAS MADRES VAMPIRO

El problema de los vampiros era que siempre estaban insatisfechos. Algunos decían que era a causa de una maldición, otros de algo terrible que habrían hecho cuando vivían y que tenían que estar purgando toda la eternidad. Fuera cual fuera la razón, los vampiros no conocían la tranquilidad ni podían tener descendencia. Era del todo lógico, ya que en realidad estaban muertos. ¿Y cómo un muerto podría tener un hijo? Eso iba contra las leyes más elementales de la naturaleza. Lo que no era óbice, sin embargo, para que nada les gustara más que la sangre de los niños, sobre todo a las vampiras, que, mujeres al fin y al cabo, seguían teniendo las inclinaciones y gustos propios de su género. Y entonces, eso era lo peor, se hacían madres a la fuerza. Se bebían la sangre de un niño hasta que éste también moría y se transformaba a su vez en un muerto viviente que las seguía ciegamente y hasta las llamaba mamá, lo que solía causar la hilaridad entre los otros vampiros, que eran unas criaturas bastante desalmadas e insensibles. El problema entonces era cómo se los quitaban de encima. Y solían recurrir a una estratagema que ponía los pelos de punta. Les llevaban con sus verdaderas madres, ya que a éstas les bastaba con verles aparecer en la noche para que quisieran echarse al momento en sus brazos. Todos se daban cuenta de que ese niño que regresaba, a esas alturas sólo podía ser un vampiro y trataban de convencerlas de que se quedaran en casa, pero ellas no atendían a razones y, al menor descuido, abandonaban la seguridad de los ajos y los crucifijos para correr a su encuentro sin dudarlo. Las vampiras contemplaban a escondidas la escena, y hay quien dice que algo se turbaba entonces en su corazón de mujer, y que al menos por un momento habrían cambiado la noche eterna en la que vivían, sus orgías de sangre, ese mundo perverso y salvaje en que solían moverse, por el enigma del dulce placer que aquellas madres humanas experimentaban al ofrecer su cuello al beso terrible de sus hijos que volvían de la muerte.

/17/
LAS MADRES FANTASIOSAS

Las madres fantasiosas eran un verdadero peligro, pues su naturaleza eternamente anhelante solía llevarlas a cometer todo tipo de locuras. No se sabía muy bien por qué reaccionaban así ante la maternidad. Puede que al ver a sus bebés finalmente en sus brazos, después de tantos meses de embarazo y del terrible esfuerzo del parto, llegaran a perder la razón, al menos temporalmente. "¿Cómo era posible –se preguntaban– que un ser tan resplandeciente, hermoso y necesitado, hubiera salido de aquel barullo de sangres aplazadas, compresas y días tachados en el calendario?" Y era entonces como si les bastara con mirar a aquella criatura que tenían a su lado para sentir que la excepcionalidad de su nacimiento debía tener su continuidad en una vida llena de aventuras y riesgos. Por eso siempre andaban fantaseando con la idea de que lo más disparatado pudiera suceder. Decidían fugarse de casa, y bajaban a los niños por la ventana atados con sábanas; les enseñaban a moverse por los tejados, o se ponían a pedir con ellos por las calles. Todo les parecía poco con tal de estar a la altura de aquel misterio que era su llegada al mundo. Y los niños, como es lógico, disfrutaban mucho con ellas, pues eran unas madres del todo imprevisibles, con las que difícilmente se podían aburrir, ya que hacían de la vida un mundo de posibilidades inagotables. Sus pobres maridos, sin embargo, no eran de la misma opinión, pues aquellas conductas eran para ellos una fuente constante de preocupaciones. Pero las madres fantasiosas eran dulces y diestras en el amor, y sabían lo que tenían que hacer para conseguir de ellos lo que querían. Y así, ya les hacían levantar de la cama en plena noche, porque oían ruidos extraños, que según ellas significaban la presencia de ladrones que venían a arrebatarle a su niña; ya les forzaban a llevar cada poco a Sanidad los alimentos por creerlos envenenados; o a revisar el coche cada mañana por suponer que un grupo terrorista quería atentar contra su vida con una bomba lapa. Estas madres podían confundirse con las temerosas, que también se pasaban el día de sobresalto en sobresalto. Pero mientras que para éstas la angustia era verdadera, y lo pasaban tan mal imaginando todos los peligros que amenazaban a sus recién nacidos que llegaban a enfermar de los nervios, para las fantasiosas no era sino un producto más de su desbordante imaginación. Bastaba, de hecho, con verlas sonreír plácidamente a sus hijitas mientras sus maridos enfilaban una noche más, con la escopeta de cartuchos, el pasillo en penumbra, para darse cuenta de que la escena del peligro no era para ellas sino el alimento más secreto de la felicidad.

/18/
LOS HIJOS DEL MISTERIO

Había algunas mujeres que tenían hijos misteriosos, que nadie sabía de dónde podían proceder. No estaban casadas, no tenían relaciones, al menos conocidas, con ningún hombre, ni siquiera nadie en el vecindario había llegado a verlas embarazadas. Y, sin embargo, una tarde se presentaban en el parque llevando con ellas un niño que acababa de nacer. Las vecinas se acercaban y trataban de sonsacarlas, pero ellas se limitaban a sonreírles con educación y a seguir su camino. Esos niños, además, solían ser niños silenciosos a los que raras veces se les oía llorar, y con los que enseguida ellas mantenían una relación igualitaria y excluyente, como si les separara del resto del mundo un círculo de extrañeza y silencio que nadie podía traspasar. Eran madres que ni siquiera necesitaban llevarlos al cine o, cuando llegaban las ferias, visitar con ellos los carruseles, sin que esto pareciera mermar su contento. Que paseaban al lado de sus hijos sin agobios ni demostraciones de cariño, como si no necesitaran decirse o demostrarse nada, porque ya lo sabían todo el uno del otro. Las demás madres no podían dejar de sentir un leve estremecimiento cuando se cruzaban con ellos por las calles. Se preguntaban entonces por el verdadero origen de esos niños demasiado serios para su edad, y por el tipo de relación que tenían aquellas mujeres con ellos, y que recordaba más la relación secreta y ajena de dos animales que caminaran juntos que la de una madre y un hijo de verdad.

/19/
LAS MADRES
EXTRATERRESTRES

Muchos hombres habían especulado con la posibilidad de que pudiera haber vida en otro lugar del universo. Una vida que hubiera dado lugar a la aparición de seres semejantes a nosotros con los que tal vez podríamos llegar a entendernos. Aún más, no eran pocos los que decían que llevaban siglos visitándonos en secreto, en misiones de reconocimiento que aspiraban a evaluar hasta qué punto su especie y la nuestra podían llegar a ser compatibles. Los más osados aseguraban que ya estaban aquí, y que mezclados con los seres humanos había grupos de extraterrestres que se habían visto obligados a emigrar de sus respectivos planetas. Estos pueblos delicados, temerosos, llevarían años viviendo con nosotros, tratando en definitiva de confundirse en todo con las costumbres y hábitos de vida de los hombres de este mundo. Y esto, como es lógico, daba un gran trabajo a las madres extraterrestres, obsesionadas por que sus hijitos no se dejaran arrastrar por la loca fantasía de sus juegos y llevaran a cabo acciones que revelaran a los niños de la tierra su verdadero origen. "Tened en cuenta -les decían- que estamos aquí de prestado." Y era cosa de ver a estas familias, mezcladas con las otras, paseando serias y estrictas con sus hijitos, solemnes como doctores, por los paseos soleados, y el instante en que por fin, en lugares secretos que sólo ellas conocían, normalmente en los sótanos de sus casas y en los lugares más inaccesibles de los bosques, daban una palmada y los pequeños alienígenas podían comportarse a su antojo y desarrollar sus increíbles facultades: ascender volando a las ramas más altas, andar sobre el agua, tocar el fuego sin quemarse, mover objetos con el pensamiento. Claro que hay quien dice que estos pueblos no existen, y que lo que se cuenta de ellos son fantasías de las embarazadas, para quienes los niños que llevan en la barriga siempre tienen ese algo irreal, oculto y único que se atribuye a esos seres siderales. Por eso, a las embarazadas les suele gustar reunirse, hacer gimnasia juntas y seguir cada una los percances de la otra. Algo que tiene que ver sin duda con sus intereses comunes, y con el hecho de estar pasando por el mismo y delicado trance, pero también con el sentimiento de que esos niños que esperan no se sabe muy bien de dónde vienen. Y que sólo ellos, cuando finalmente crecieran y se enamoraran, podrían llegar a decirlo. El amor les ayudaría. Él guardaba la memoria de ese mundo al que pertenecían, y de las maravillosas facultades que adornaban sus cuerpos. Eso era el amor, recordar cómo éramos en ese mundo secreto que tuvimos que abandonar al crecer.

/20/
LAS MADRES DE
LOS POETAS

Sufrían mucho las madres de los poetas, pues, ya desde la cuna, éstos parecían tener algo especial que les hacía diferentes a los otros niños. Su tendencia al ensimismamiento, su gusto por la soledad, y ese quedarse como escuchando voces que no existían, hacía que la vida de sus madres durante esos primeros años fuera un constante sinvivir. Ellas, como es lógico, no podían dejar de preguntarse si esa sensibilidad extrema que hacía buscar a sus hijos los rincones más oscuros, la gravedad de sus respuestas o aquella implacabilidad con que juzgaban sus siempre demasiado obvias efusiones sentimentales no serían sino los primeros signos de una enfermedad terrible que antes o después llegaría a manifestarse, torciendo su vida para siempre. Toda su infancia se la pasaban por eso llenándoles de cuidados, tratando de protegerles de sí mismos, de esa oscura naturaleza que en cualquier momento podía inclinarles a realizar actos terribles que les llevaran a la locura o al crimen. Luego, cuando les veían crecer, las cosas no mejoraban mucho. Los poetas se apartaban de ellas con apenas disimulado desdén y solían relacionarse con gente de aspecto atribulado, con la que se reunían para beber y fumar sin descanso, y que hacían que el corazón de sus madres se llenara de congoja. Es verdad que a veces venían acompañados de chicas hermosas y dulces, que las madres de los poetas atendían con placer inaudito, pensando que gracias a ellas sentarían la cabeza. Pero no era así, y esas chicas, a las que solían tratar fatal, pasaban una tras otra junto a sus hijos poetas sin que ellas pudieran hacer nada para retenerlas a su lado ni tuvieran la opción de volver a verlas. Pero aún restaba lo peor, y esto llegaba cuando por fin empezaban a publicar sus escritos y ocasionalmente se referían a ellas. Entonces las llamaban MADRE, y se referían a mundos llenos de animales fríos, de sótanos, de recuerdos tenebrosos que ellas, las pobrecitas, no llegaban a entender. A veces las tentaba la idea de ir a preguntarles por qué decían aquellas cosas, si ellas no eran así y las casas en que habían vivido juntos siempre habían sido alegres, pero renunciaban a ello porque tenían miedo a hacer el ridículo ante unos hijos a los que siempre habían considerado mucho más listos que ellas. Las madres de los poetas terminaban aprendiéndose esos poemas de memoria, y ante aquel mundo amenazante, lleno de palabras agónicas, de animales blancos y de apenas sofocados reproches, se preguntaban una y otra vez en qué podían haber fallado. Y por qué sus hijos poetas las veían de aquella tenebrosa manera, si ellas todo lo que habían hecho había sido buscar sin descanso su felicidad.

/21/
LAS MADRES ASESINAS

En algunos casos también las madres podían llegar a matar. Eran casos extremos, pues nada había más contrario a su naturaleza que revolverse contra sus propias crías. Pero había circunstancias extrañas, arrebatos sombríos, venganzas cuya ferocidad en nada envidiaba en poder destructor a las erupciones de los volcanes y

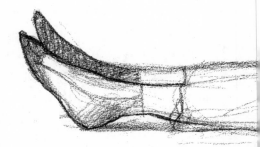

75

a las tormentas marinas, y que, en las hembras humanas, casi siempre tenían que ver con sus amantes. El caso más terrible era el de Medea. No pudo aceptar que Jasón la abandonara y, después de regalar a su nueva mujer un vestido impregnado en veneno, degolló a sus propios hijos antes de escapar. No era la primera vez que sucedía algo así, ni sería con toda probabilidad la última. Aún más, algunas de estas madres asesinas no se limitaban a matar a sus hijos sino que llegaban a cocinarlos y a ofrecérselos en secreto a sus amantes, haciendo así más honda y decisiva su venganza. Ellas sabían que los hombres estaban obsesionados por la descendencia y, agotadas por aquella lucha que había sido su amor por ellos, decidían hacerles esa última y dolorosa faena. Pensaban que ese era su verdadero poder. "Si soy yo quien les ha traído al mundo, por qué no me los puedo llevar", se decían mientras se dirigían a la cuna de sus hijos con el cuchillo en las manos. Y esperaban de ese gesto el nacimiento de un orden nuevo, de una claridad que les permitiera sobreponerse a todos los desastres y empezar su vida otra vez. Pero se equivocaban y, tras el crimen, nunca había una nueva vez. En su locura habían llegado a creerse dadoras de vida y dueñas de lo que nacía, pero en aquel diálogo amoroso que había sido la crianza de sus hijos nada podía su voluntad ni eran dueñas de nada. Ninguna madre lo era. Ellas se limitaban a cuidar de algo que venía de otra parte, y a recogerlo cuando llegaba a su sazón, como hacían los campesinos con los frutos que producían sus huertas. Las madres asesinas habían olvidado que ellas sólo eran las encargadas de que esos nuevos frutos se distribuyeran por los mercados del mundo y pudieran llegar a las manos ávidas de dulzura de sus compradores, no sus hacedoras.

/22/
LAS QUE MATABAN POR PENA

Y había madres que mataban a sus hijos por pena. Eran mujeres para las que la vida había sido una sucesión de pérdidas y de dolorosos encuentros y que, de pronto, una mañana cualquiera, tras mirar a su alrededor y descubrir que ninguno de sus sueños había llegado a cumplirse, ni nunca se cumpliría, decidían quitarse la vida. Y era lógico que se preguntaran entonces qué sería de sus niños queridos cuando ellas no estuvieran en el mundo para protegerlos.

Y más de una vez a esa pregunta se habían contestado que lo mejor que podían hacer era llevárselos con ellas. Eran casos que enseguida saltaban a los titulares de los periódicos, llenando de estupor el corazón de todos los hombres y mujeres del mundo. Pero se trataba de un acto de amor, puede que equivocado, pero de un acto de amor, ya que les resultaba insoportable la idea de tener que dejarlos solos en ese mundo terrible. Un mundo donde ellas sólo habían encontrado dolor, y en el que a sus niños sólo podía aguardarles el mismo destino. Por eso tomaban la decisión de administrarles el veneno que ellas mismas tomarían después. No era un momento triste, pues no creían estar causándoles mal alguno. Aún más, en lo más hondo de sus pensamientos les estaban salvando. Eso era morir, sustraerse al dolor. Escapar juntos a un lugar escondido donde nadie les pudiera hacer daño.

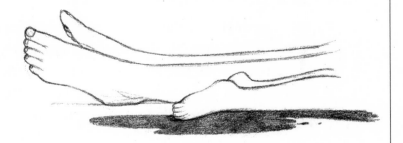

/23/
LAS MADRES ELEFANTE

L as madres elefante eran las más envidiadas
de la selva. No sólo por su tamaño y su
fuerza, que hacían que ningún otro animal
se atreviera a atacarlas o a meterse con sus crías,
sino por ese órgano imaginativo y dúctil que era

su trompa. No había en el mundo animal ninguna otra criatura que tuviera un órgano como aquél, capaz de las más variadas aplicaciones. Un órgano con el que podían conseguirlo todo, desde dar de comer a sus crías, bañarlas, elevarlas por los aires en los momentos de peligro y darles un buen azote, si acaso se lo merecían, hasta entregarse a los siempre dulces e imprevisibles juegos del amor. Algo parecido a una mano viva, infinitamente animada, capaz no sólo de tocar, y de abrirse a las múltiples delicias del olfato y del gusto, sino de guardar memoria de todos sus descubrimientos. ¿Podía pensarse en un órgano más perfecto para los deleites del amor? Hasta las madres humanas, cuyos cuerpos dúctiles, cálidos y delicados eran sin duda los más dotados para aquellos pormenores de la crianza y el juego, soñaban con un órgano así, sensible y memorioso. Una trompa que, como la de los elefantes, les permitiera no sólo bañar, proteger y acariciar a sus bebés, sino guardar la memoria de todo lo que llegaron a hacer juntos. La memoria, sobre todo, de aquel cuerpecito adorable cuyos estremecimientos guardaban, como las palabras de los poetas, la verdadera historia de lo que eran.

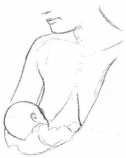

/24/
LAS MADRES AÑOSAS

Todas las madres que concebían hijos a edades tardías eran como Sara, la esposa de Abraham. Recibían la noticia de su embarazo con una sonrisa incrédula, y enseguida se aprestaban a hacer de aquella tarea una misión de la que parecía depender el orden mismo del mundo y la continuidad de la vida. Pero muy pronto empezaban las molestias, el cansancio físico, la constatación de que su cuerpo ya no respondía bien a aquel terrible trastorno que era albergar dentro de sí a una criatura que crecía sin descanso buscando su salida al mundo. Aun así, se sobreponían a estas dificultades y, cuando les llegaba el momento del parto y tenían al niño en sus brazos, no había nadie en el mundo más feliz que ellas. Se sentían útiles, importantes, necesarias, rejuvenecidas. Puede que la vida estuviera llena de dificultades, pero ellas tenían el arte de los zahoríes, de los que saben seguir en el bosque el rastro de los animales o leer en los posos de café lo que nos aguarda en el futuro: el arte de hacer fácil lo difícil. Pero los problemas surgían cuando sus hijos empezaban a crecer, y ellas un buen día reparaban en que, cuando ellos fueran unos adolescentes hermosos y llenos de vida, ellas serían unas viejas. Por eso sufrían cuando salían con ellos a la calle, e incluso evitaban llevarles a la escuela o a los cumpleaños de sus compañeros. No soportaban el espectáculo de las madres jóvenes despidiéndose de sus hijos, el espectáculo de su alegría y de su luminosa mocedad. Fue lo que le pasó a Sara. En la Biblia se nos cuenta que presionó a Abraham para que expulsara de la tribu a Agar, por el temor a que su hijo Ismael ocupara el lugar del suyo, pero eso no era cierto. Ella odiaba la belleza y la juventud de Agar, y el loco embeleso que Ismael, el bastardo, sentía al correr a sus brazos. No soportaba verles salir de su tienda, como si acabaran de pasar una noche de amor, ni la idea de que lo que su hijo Isaac veía al despertarse cada mañana a su lado era el rostro de una vieja.

/25/
LAS AMAS DE CRIA

Pero no todas las madres mayores eran tan rencorosas como Sara. Aún más, solían ser sumamente alegres y complacientes, pues aquellos embarazos surgidos cuando ya nada parecía posible las inclinaban a la credulidad y la compasión. Les bastaba, de hecho, con tener a su bebé en los brazos para sentir al momento unos inmensos deseos de hacer cosas por todo el género humano, especialmente por los otros niños, como si no pudieran resistir el impulso de devolver al mundo una parte de la felicidad que habían recibido. Y es cierto que, cuando se miraban en el espejo, veían su rostro lleno de incipientes arrugas y una expresión de cansancio que parecía desmentir aquella aventura juvenil que era la maternidad, pero no lo es menos que todo lo compensaban con la locura y el júbilo que estallaba en sus corazones como la música de una verbena de verano cuando corrían a atender a sus pequeños. En realidad, todas las madres mayores se sentían un poco como esas antiguas sirvientas que tenían que ocuparse de los niños ajenos. Esos niños de las cantantes de ópera, de las grandes actrices de teatro o de las mujeres empresarias, que sus atareadísimas madres les entregaban en los aeropuertos o en los andenes de las estaciones, siempre con prisas, en medio de un remolino de recomendaciones y de lágrimas demasiado veloces para ser del todo verdaderas, y de los que enseguida se alejaban llenas de electricidad y glamour como fríos cometas errantes. El mundo de las madres mayores, como el de las antiguas sirvientas, empezaba cuando esos cometas pasaban. Entonces era el tiempo de las pequeñas tareas de la casa, de la cocción de los alimentos, de los baños al atardecer, el tiempo de los cuentos susurrados en la oscuridad y el de esas sábanas olorosas y tibias que acompañaban el sueño de los niños.Y cuando por fin ese sueño rendía sus frutos y los niños se quedaban dormidos, las madres mayores les besaban en la frente y se iban sin hacerse notar, expertas, como las añas de siempre, en ese arte antiguo que tanto les costaba aprender a las madres más jóvenes, que llegaban en su vehemencia a confundir a sus hijitos con sus amantes, y que era el arte de dejar ir. Un arte y una sabiduría que les permitía ocuparse de aquellos niños sabiendo que no les pertenecían por entero y que antes o después tendrían que dejarles marchar. Por eso, cuando por fin ese momento llegaba, eran las más preparadas de todas. Dejar ir lo que amabas, ese era el verdadero arte de la vida. Un arte en el que aquellas antiguas añas eran las más grandes y maravillosas expertas. Por eso todas las madres mayores las tenían presentes y se encomendaban a ellas en sus oraciones.

/26/
LAS MADRES PULPO

Si en las sabanas africanas las madres más envidiadas eran las elefantas, en los fondos marinos eran sin duda las madres pulpo. No sólo por su gran inteligencia, que les permitía anticiparse a los numerosos peligros que comportaba la vida en un mundo tal fulgurante y libre como el acuático, sino porque nadie como ellas estaba hecho para ese tráfico de abrazos, succiones y estrujamientos que suponía el amor. En efecto, sus múltiples tentáculos, el juego de sus ventosas innumerables y su increíble velocidad en las corrientes marinas, hacían que nadie pudiera comparárseles en los raptos de amor, lo que convertía la crianza en una experiencia tan inagotable como subyugadora. Algunos decían que eran grandes observadoras y que gran parte de su extremada pericia en abrazos y succiones se debía al seguimiento de años que habían hecho de las madres humanas que se acercaban con sus hijitos a las playas, aunque ellas, claro, no estuvieran en absoluto de acuerdo y les pareciera que eran más bien las madres humanas las que hacían todo lo posible por enterarse de cómo era su comportamiento allá abajo cuando tenían a sus crías con ellas, para poder imitarlas en todo. La sola visión de sus tentáculos, de su cuerpo increíblemente dúctil, sin apenas estructura ósea, y de aquellas ventosas rosadas, insaciables como pequeñas bocas, hacía que se llenaran de súbitos ardores y que, cuando abrazaban a sus niños, trataran como fuera de parecerse a ellas. Y había que reconocer que las más fantasiosas y vehementes no lo hacían del todo mal. Aunque, al menos en opinión de las madres pulpo, aquel cuerpo tan ridículo que tenían, con sólo cuatro tentáculos, rígidos como estacas, sus movimientos poco gráciles y, sobre todo, su escasa y más bien previsible fantasía, fueran obstáculos casi insalvables para aspirar a esos altos refinamientos en los que ellas, las madres pulpo, eran las indiscutibles expertas.

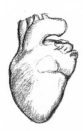

/27/
EL CORAZON

El corazón era el órgano del cuerpo al que más se referían las madres, sobre todo si era de sus niños de quienes hablaban. Decían "tenerlo en un puño" cuando temían que pudiera pasarles algo malo, o que "les habían entregado su corazón entero", para indicar que nada amaban más en el mundo que a ellos. "Una corazonada" era la creencia vaga, sin fundamento racional, de que algo feliz o desgraciado podía sucederles, y hasta en numerosas ocasiones llegaban a referirse a sus pequeños con un tono de impaciencia o leve disgusto, como cuando éstos se eternizaban comiendo, y ellas no podían evitar decirles desesperadas: "Pero, corazón mío, ¿aún no has terminado?". Pensaban que, si llegaba a pasarles algo malo, sería "como si les arrancaran el corazón", y decían "llevarlo en las manos" cuando cada noche se acercaban de puntillas a sus cunas para ver si estaban destapados. Siempre que pensaban en sus niños terminaban haciéndolo en ese órgano extraño que guardaban en lo más hondo de su pecho, y que era esa parte de nuestro propio cuerpo que no nos pertenecía, que hundía sus raíces en el fondo compartido del mundo. Eso significaba para ellas el nacimiento de sus hijos, que había llegado el momento de ponerlo en otras manos para que hicieran con él lo que quisieran. "Y le entregó su corazón", ¿no era así como terminaban todos los cuentos que merecían la pena?

/28/
LAS MADRES SOLTERAS

A las madres solteras la concepción de sus hijos solía pillarlas desprevenidas. Es verdad que estaban al tanto de las leyes de la fecundación y de lo que podía ocurrirles si pasaban ciertos límites con sus novios y amigos, pero no lo es menos que siempre habían visto esa posibilidad como algo que pertenecía más al mundo de los manuales de biología y a las abstracciones de la ciencia que al orden concreto de lo real. Claro que no todas las mujeres que concebían hijos solteras reaccionaban de la misma manera. Muchas concebían a esos niños al azar de una relación fortuita, de un momento de rapto o embeleso, del que apenas habrían guardado memoria si no se hubiera producido aquel resultado imprevisto. En este caso, no era infrecuente que, tras los primeros momentos de zozobra y vergüenza, su carácter saliera fortalecido. ¿Cómo era posible que hubiera una relación, por pequeña que fuera, entre la delicada criatura que ahora tenían delante y aquello que llegaron a hacer una noche con el zángano de turno? "No es cierto que les debamos nada", parecían decirse, convencidas de que, igual que en los pájaros existía el poder de volar, o en las gacelas el de sus saltos prodigiosos, en ellas existía el poder de crear aquellos seres que parecían soñados. Por eso cuando, a la mañana siguiente, se encontraban con sus compañeros de trabajo, no podían dejar de mirarles con una expresión de superioridad, como deben de miran los delfines o los peces voladores a los pobres nadadores humanos que bracean esforzados en la superficie del mar. "Puede que os necesitemos en la cama –pensaban entonces con una sonrisa encantadora–, pero el mundo que comienza luego, cuando empezáis a roncar, sólo nos pertenece a nosotras y a los calamares gigantes."

/29/
LAS MADRES ABANDONADAS

Pero cuando esos embarazos imprevistos se producían a causa del amor, las mujeres estaban perdidas. Ellas se habían entregado a sus amantes sin reservas, y éstos las abandonaban dejando en sus vientres la semilla de un nuevo ser. No había promesa más dulce que la de esos niños que entregaba el amor, y, cuando por fin sus madres los tenían en sus brazos, quedaban irremisiblemente cautivas de su belleza. Por eso estaban perdidas. Sus amantes se habían ido dejando en sus camas ese montón de oro puro que eran sus niñas, y a ellas les bastaba con estrecharlas contra su pecho y verlas reír para que nada les pareciera más lógico que el que sus padres tuvieran que regresar en su busca. ¿No eran acaso todos los amantes buscadores de oro? Por eso, cualquier ruido las sobresaltaba, y se

pasaban la noche escuchando los mínimos so-
nidos de la casa, aguardando ese regreso. Las noti-
cias volaban, corrían más que el viento, y estaban
convencidas de que, antes o después, sus amantes
conocerían el nacimiento de su hijita en alguno
de sus viajes y tendrían que regresar al instante
para conocerla, como hacen los buscadores de
oro ante la noticia del hallazgo de la veta más
pura. ¿Importaba que no lo hicieran? No, no
importaba, aunque la vida se les fuera sin reme-
dio en esa loca espera. Estar cerca de lo que nace,
¿no era esa la misión del amor?

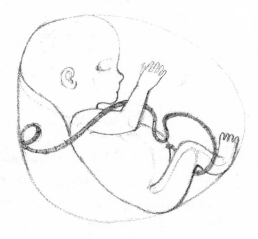

/30/
LAS QUE ABORTABAN

En casos extremos algunas mujeres se veían obligadas a abortar. Era algo que llevaban a cabo con tristeza, en medio de vagos sentimientos de culpa, pues era inevitable que todas ellas, tras conocer la noticia de su embarazo, vivieran absortas en la expectación del pequeño ser que nueve meses más tarde habría de venir al mundo. Conocían, sin embargo, el mundo de obligaciones, responsabilidades y exigencias que comportaría atender a esa frágil criatura, y algunas de ellas no se sentían con fuerzas, o les parecía que aquel no era el momento más adecuado para afrontar una tarea tan difícil, y decidían poner fin a ese embarazo tan inesperado como turbador. Era una decisión meditada, que llevaban a cabo tras un sinfín de consideraciones y de bien fundados argumentos, pero, aun así, era casi inevitable que lo vivieran como un fracaso de sí mismas. Pero ¿no era el fracaso uno de los ingredientes más constantes de la vida? Muchos de nuestros sueños no se veían realizados y ese arte, el arte de aceptarlo así y encontrar la manera de seguir adelante, era uno de los esenciales de la vida. Por eso no había espectáculo más lamentable que el de esos obispos, el de esos periodistas atrabiliarios o esas organizaciones turbias, amenazando a las pobres mujeres con las penas del infierno o tratando de poner trabas legales para que eso no fuera posible. Suerte que no les importaba gran cosa. Ellas sufrían, sí, pero también pensaban, dueñas al fin de esa sabiduría inscrita en el poder cíclico de su cuerpo, que tampoco era para tanto. Un embrión apenas se diferenciaba de ese óvulo que perdían cada mes sin fecundar, y que también contenía la promesa de un ser posible, y un aborto en absoluto podía considerarse ese crimen del que hablaban sin descanso los moralistas de turno. Pero eso no era obstáculo para que, en algunos momentos de melancolía, las mujeres que habían abortado no dedicaran sus pensamientos a ese minúsculo ser que habían expulsado de su cuerpo. Solía sucederles cuando en los parques se encontraban con otras madres empujando sus cochecitos por los paseos de tierra, o cuando en plena noche oían el llanto de los otros bebés de la casa, y entonces se les encogía el corazón y no podían dejar de preguntarse cómo habría sido el suyo de haber llegado a nacer. "¿Quién habrías sido tú?", le preguntaban en la oscuridad de la noche. Y a veces fantaseaban con ese niño inexistente, y le transformaban en el compañero secreto de sus fantasías, y le imaginaban corriendo a sus brazos, o refugiándose a su lado en el asiento del tren. Aquel pequeño ser representaba entonces lo que no habían llegado a vivir, el lugar donde algo se perdió o donde no pudieron penetrar nunca. Por eso tenía esa belleza lánguida, misteriosa, de cuanto, habiendo llegado a vivir en nuestro pensamiento, no alcanza a encontrar la puerta que comunica con el mundo de todos.

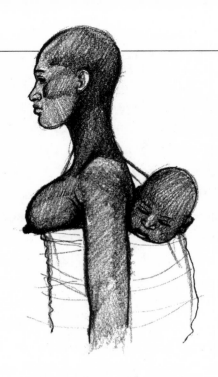

/31/
LAS ENSEÑANZAS DE
LA DEMOGRAFIA

No dejaba de ser extraño que fueran las mujeres más pobres las que se empeñaran en seguir trayendo niños al mundo sin parar. Solía decirse que era debido a su ignorancia y a las penosas condiciones en que vivían, pero no era del todo cierto. Es verdad que ellas no sabían nada acerca de los nuevos métodos anticonceptivos, y que, aunque los hubiera conocido, era dudoso que se hubieran servido de ellos, teniendo en cuenta lo brutos que solían ser sus maridos en esas cuestiones, pero no lo era menos que los niños eran para ellas una fuente de placer y de dignidad. Vivían en medio del desastre y ellas, orgullosas, no dejaban de parir. Los misioneros, los médicos, las organizaciones humanitarias trataban de convencerlas de que pusieran cuidado y evitaran aquellos embarazos demasiado seguidos, y ellas, aunque asentían con la cabeza, seguían haciendo lo mismo. "¿Qué sabréis vosotros?", parecían decirles con una sonrisa. Apenas tenían para comer y a los pocos años de casadas ya tenían una camada de niños pululando a su alrededor, como dulces criaturas de los albañales y los vertederos. Y era, claro, un indicio de su inconsciencia, pero también de su poder. Tal vez el único que les quedaba, el poder de seguir dando vida en aquel mundo absurdo que les negaba hasta lo más elemental. Tener nuevos niños era la prueba de que no había desastre, por terrible que pareciera, que pudiera abortar el milagro eterno de la vida. Era entonces como si estuvieran en uno de esos lugares arrasados por las inundaciones o los terremotos, en que se ve a los niños jugar. Saltaban desde los tejados y nadaban entre los objetos arrebatados a las casas, como si esos momentos tan dramáticos fueran también aquellos en que comprendían que se podía empezar otra vez. "¿Por qué conservar lo que no merecía la pena?", parecían decirse mientras veían jugar a sus hijitos con los restos del desastre. Y, para ellas, el espectáculo de esos juegos en tales parajes de la muerte era la prueba de que la vida seguía adelante y de que tal vez se podía vivir de otra forma, de la que los niños eran los mensajeros.

/32/
EL JARDIN IMPERFECTO

El mundo es un jardín imperfecto", había escrito Montaigne. Y eso pensaban la mayoría de las madres humanas cuando, después de tantos trabajos y riesgos como habían supuesto el embarazo y el parto, regresaban a sus casas llevando a sus hijitos sanos y salvos en sus brazos. Solían ser entonces lo suficientemente sensatas para no pensar en ellos como en esos nuevos lamas o esos pequeños príncipes que el mundo necesitaba para su redención, sino como en pequeños cuerpos imperfectos y adorables que tenían que aprender a cuidar. Y así entendían los desvelos de la maternidad. Semejantes a los del jardinero que se ocupa del pequeño jardín

que tiene a su cargo como el humilde reino que en aquel reparto de tareas que era la vida en el mundo le había tocado atender a él. Ellas no querían hacer de ese reino un lugar soñado, lleno de mirtos sagrados y de manzanas de oro, sino uno vecino de los caminos y los huertos de los hombres. Su misión, por tanto, no era verlo convertido en lugar de peregrinación de sacerdotes, príncipes o mercaderes, sino de bisbitas, alondras y conejos. Criaturas todas ellas, como sus pequeños hijos, de ese jardín imperfecto que era el mundo que compartían, aunque ninguna supiera para qué ni lo que esperaban conseguir con ello.

/33/
EL CANTO MAS HERMOSO

Y puede que la cualidad más secreta de esos jardineros fuera saber obtener de la naturaleza cuanto necesitaban para que su jardín pudiera florecer. Eso era cuidar de algo, encontrar la manera de que pudiera llevarse a cabo lo que le convenía, y que así pudiera conformarse a su plena realidad no desplegada, a la ley de su ser. Todas las mujeres que tenían que ocuparse de un recién nacido eran como esos jardineros atentos y, tratándose de sus pequeños, raras veces dudaban en lo que tenían que hacer. Puede que en sus propios asuntos fueran un verdadero desastre, y que una y otra vez se equivocaran al elegir sus amantes, sus trabajos o sus lugares de veraneo, pero con sus niños eran casi infalibles. En esto se parecían a Orfeo. También él se había equivocado en su intento de arrebatar a Eurídice de la muerte, pero, tratándose de su arte, jamás había existido nadie más certero. Las aves se posaban en el camino al oírle cantar, los terneros alzaban sus ojos somnolientos y dulces, y los árboles inclinaban sus ramas para que tomara de ellas lo que quisiera. Y eso hacían todas las madres, pedir cosas sin parar. Peinaban a sus hijos y le pedían al agua que les pusiera guapos, los arropaban en la cama y le pedían a la noche que les trajera dulces sueños, cosían botones a sus pantalones y a sus faldas y estaban pidiendo a la vida que les volviera obedientes, buenos y discretos. Eso era cuidar a sus niños, dar órdenes a la naturaleza, pedirle al mundo que estuviera atento y que, como había hecho con Orfeo, les entregara cuanto éstos pudieran necesitar: palabras hermosas, caricias atrevidas y dulces, noches alegres, amigos y amigas limpios de corazón. Orfeo había muerto a manos de las bacantes, que habían despedazado su cuerpo y diseminado sus miembros por el bosque, pero su cabeza, arrastrada por las aguas del río, había seguido cantando. Y eso hacían ellas en la corriente impetuosa del mundo. Podían arrebatarles a sus niños y meterlas en las cárceles más oscuras, como pasaba en tantos países terribles, o podían verse obligadas a abandonarles y a cruzar mares procelosos e inmensos en busca de los trabajos más humildes, pero ellas seguían cantando sin descanso, sin parar de pedir, como la cabeza de Orfeo, con tal de que a su hijito no le faltara de nada.

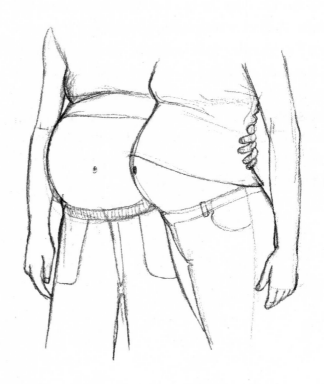

/34/
LAS MADRES SOLIDARIAS

A las madres solidarias les bastaba con saberse embarazadas para sentirse formando parte del mismo esperanzado y angustiado pueblo que todas las madres del mundo. Luego, cuando ese niño nacía y finalmente le veían descansando a su lado, ese sentimiento de fraternidad universal se acrecentaba todavía más. "He tenido un pequeño emigrante", se decían, estremecidas al verle tan pequeño y necesitado, como si para llegar a ellas hubiera tenido que cruzar mares procelosos o parajes de incomprensión y horror, como pasaba con aquellos pobres niños africanos que se veían obligados a cruzar el Estrecho en temblorosas pateras. Y era entonces como si sobre todos los niños que nacían pesaran las más terribles amenazas y las más incomprensibles injusticias y ellas fueran las encargadas de denunciarlas. Eran necesarios lugares seguros, parques públicos, escuelas, hospitales, para protegerles de la maldad, y las madres solidarias se entregaban a la tarea de conseguírselos, convencidas de que bastaba con que hubiera en el mundo un solo niño que sufriera para que aquel orden de verdad y amor que querían imponer estuviera amenazado. Acudían entonces a reuniones en los barrios y escribían cartas a los periódicos para hablar de los derechos del niño, y de la necesidad de que hubiera más escuelas y más centros sanitarios para atenderlos en este mundo tan difícil. "Haz dulce tu camino y recibirás una melodía", le había dicho Isaías a Tiro, la ramera largo tiempo olvidada. Y no se sentían distintas a esas madres emigrantes que cruzaban a escondidas los tenebrosos mares del mundo, acosadas por los peligros, tratando de convocar esa dulzura. Y en aquella barca que era su frágil amor estaba la zozobra y el miedo, pero también el aroma de los oasis y de los dátiles, la frescura de los lagos de agua dulce y el temblor de las hogueras de las caravanas. Y, como Tiro, recibían esa melodía que habría de acompañarlas en los tiempos de oscuridad. Y eso era todo lo que necesitaban para continuar.

/35/
LAS MADRES RICAS

Las madres ricas no se sentían, por el contrario, parte de un grupo, ni siquiera de una iglesia o una comunidad, sino las orgullosas reinas de sus acciones y de sus parcelas. Por eso, cuando, después del parto, las pulcras enfermeras les llevaban al niño para que lo vieran, pensaban orgullosas para sí: "He tenido un pequeño heredero". Y ordenaban a sus sirvientes que se ocuparan de él con el comedimiento y respeto que exigía su pertenencia al selecto club de los poderosos. Sin embargo, al menos mientras sus niños eran pequeños, algo cambiaba en ellas que las equiparaba a las otras madres del mundo. Les bastaba, de hecho, con ver en el telediario aquellos reportajes en que se veía a niños hambrientos, devorados por las enfermedades o la indiferencia de los poderosos, para que algo en su corazón maternal se estremeciera con la sola idea de lo que habría sido de su hijito de haber nacido en los brazos de una de aquellas pobres mujeres desarrapadas. Entonces decidían poner en marcha proyectos humanitarios como rastrillos, tómbolas y festivales benéficos, y por un tiempo sentían despertarse en ellas a esas mujeres compasivas y dulces que habrían podido ser, y que veían en el otro, no un rival o un sirviente sino un camarada en ese viaje siempre incierto que era la vida en el mundo. Luego se les pasaba. Poco a poco, y a medida que sus hijos crecían volviéndose como ellas, retornaban a su antiguo ser y a sus gustos tan selectos, y volvían a votar a los partidos de derechas, a frecuentar los desfiles de la pasarela Cibeles, a inscribirse en campeonatos de bridge y a reservarse las mejores plazas en las estaciones de esquí, y hasta llegaban a pensar que eso de tener niños era una vulgaridad, y fantaseaban con ese tiempo futuro en que los niños podrían comprarse en las tiendas de lujo, o a través de pormenorizados catálogos, como se hacía con los coches, las joyas o los vestidos de Versace, ya que el dinero debía poderlo todo. ¿Acaso no le habían dedicado por eso lo mejor de sus vidas y no era el único sol que fijaba la órbita de sus sueños?

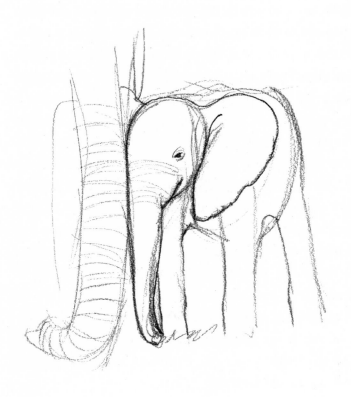

/36/
LAS OTRAS MADRES

Pero las madres humanas no eran, claro está, las únicas madres del mundo. Existían las madres vacas, las madres cerdas, las madres elefantas, y toda una variada gama de madres que, con no menor dedicación que las humanas, contribuían al siempre nuevo y cambiante espectáculo de la vida. Y hay que decir que un buen número de esas madres no estaban demasiado contentas con el comportamiento de sus colegas humanas. También ellas tenían que sufrir, y se tomaban aquel terrible trabajo de parir y de sacar adelante a sus crías con la mayor seriedad y la mayor competencia, y no era de extrañar por ello que se sintieran un poco dolidas ante el espectáculo de las humanas. La opinión más común en el mundo animal es que se daban demasiada importancia. "Se vuelven insoportables", se decían al verlas pasear por el parque con sus niños en las mañanas de sol. "Ni que hubieran tenido al emperador de la aurora." Y viéndolas tan impecables, empujando aquellos cochecitos arreglados con tanto primor, no podían dejar de pensar en que, siendo sus propias crías mucho más inteligentes, su comportamiento con ellas en los establos o en los prados era infinitamente más discreto. Pero, con todo, lo que más les dolía a estas madres era la indiferencia que las humanas mostraban ante aquel destino amargo que tantas veces les tocaba a ellas padecer. Estaban juntas en esos trabajos, a menudo tan ingratos, de la maternidad y la educación de las crías, pero las madres humanas sólo se interesaban por sus cosas, y eran capaces, por ejemplo, de aceptar mansamente que a ellas les arrebataran sus corderos, sus lechones y sus dulces terneros, para llevarlos al mercado, e incluso de ayudar a cocinar sus cuerpecitos como si en ellos nunca hubiera existido el temblor de la vida, ni los sobresaltos del miedo o del gozo. Ese era su principal reproche. No podían entender esa sublime indiferencia ante sus desvelos, tan semejantes, por otra parte, a los suyos, y se decían irritadas que ya les gustaría ver el escándalo que armaban si, por ejemplo, cuando estuvieran bañando a uno de aquellos niños birriosos, a los que inexplicablemente daban tanta importancia, llamaban a la puerta y era el cocinero el que venía a reclamar su costillar para uno de sus guisos.

/37/
LAS QUE AMABAN A LOS ANIMALES

Y algunas madres humanas, en efecto, eran conscientes de la terrible tiranía que su especie imponía sobre los otros seres de la creación. Estas madres no podían encontrarse, por ejemplo, con una vaca y su ternero, que, como animales herbívoros, eran los seres más inocentes de la tierra, sin apartar avergonzadas los ojos. Y esa vergüenza, y la angustia que se le asociaba, podía llegar a ser tan grande que, especial-

122

mente cuando se quedaban embarazadas o tenían a su cargo niños pequeños, tenían hasta que dejar de ir de compras al mercado, pues la sola visión de los ojos de los peces, las cabezas y las manitas de los corderos, y no digamos de los cuerpos rosados de los lechones, las hacían pensar en la terrible crueldad de la vida. En la injusticia que suponía que las hermosas crías que aquellas madres echaban al mundo, tras los dolores y esfuerzos de la preñez y el parto, terminaran casi inevitablemente en la tabla del carnicero. Y no podían dejar de preguntarse entonces por lo que habría pasado si, por alguna anomalía de las leyes biológicas, su hijito hubiera nacido con la figura de uno de aquellos animales que los hombres compraban en los mercados. Qué hubiera pasado, por ejemplo, si hubiera nacido en la camada de una madre cerda, o en un palomar, o pegado a la placenta de una oveja. "Deberíamos comer llorando", pensaban entonces, mientras se cambiaban de acera para que su hijita no llegara a ver el escaparate de esas carnicerías donde sus piernecitas o sus pequeñas manos habrían podido estar mezcladas con los despojos y los tiernos miembros de las otras crías del mundo.

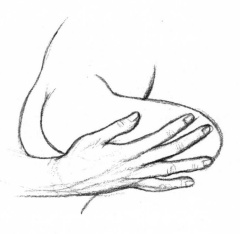

/38/
LO QUE CALLAN LAS MADRES

Puede que ni los amantes más apasionados llegaran a alcanzar una intimidad como la que disfrutaban las madres y sus niños. Les bañaban, les llenaban de besos y caricias, pero al contrario que aquéllos, los amantes, y por alguna razón nunca suficientemente explicada, siempre eludían tocar sus pequeños genitales. Y puede que fuera ahí donde empezaran todos los problemas que hombres y mujeres tendrían luego con su sexo, que ya sería siempre para ellos esa zona de sus cuerpos que sus madres, normalmente tan atrevidas y vehementes en sus caricias, habían renunciado a explorar cuando eran niños. Lo que había hecho que, desde la misma cuna, sus corazones se llenaran de preguntas. Por ejemplo, por qué sus madres se detenían ahí, y por qué, si acaso por un descuido llegaban a tocarles, apartaban sus manos avergonzadas. Puede que fuera ese enigma nunca aclarado el que hacía luego que la sexualidad fuera tan extraña, un espacio para la interrogación y el desvarío. También el que les obligaría a hablar o a hacer hablar sin descanso. Era eso lo que luego les pedirían a sus amantes, que les dijeran lo que encontraban allí. Eso era el sexo, el lugar donde habían callado las madres, que habían renunciado a explorar. Sin que pudiera saberse la razón.

/39/
LAS MADRES JIRAFA

El problema de las madres jirafa era la extraordinaria longitud de su cuello. En efecto, el nacimiento de sus pequeñas crías y el que, como todas las madres del mundo, tuvieran que estar atentas a sus travesuras y a sus movimientos imprevisibles, las obligaba a vivir pendientes de lo que pasaba en el suelo, lo que, teniendo en cuenta su altura, solía ocasionarles unos terribles dolores de cuello. La maternidad suponía por eso para ellas una dura prueba, de la que solían salir perfectamente mareadas. Era ese mareo el que las hacía andar con esa lentitud y esa extrañeza tan características, como si temieran ir a derrumbarse en cualquier momento cuan largas eran, causando la hilaridad en los otros animales. A las pequeñas jirafas, por el contrario, la altura incomparable de sus progenitores las forzaba a un ejercicio altamente favorecedor. Tenían que llamar la atención

de sus madres y esto las obligaba a vivir perma-
nentemente estiradas y anhelantes, con lo que no
había en la selva crías más esbeltas, ni más atentas
a lo que pasaba en ese alto reino ensimismado del
que su madre era la soberana. Ese trato con la
altura y sus misteriosas geografías –las cumbres
lejanas de las montañas, las ramas inagotables de las
acacias, el espacio infinito del cielo y su legión de
nubes– las transformaba en unos seres en verdad
especiales y hermosos. Y, en efecto, no había en
toda la selva criaturas más elegantes, arrebatadas
y lunáticas que ellas. Por eso, cuando una de estas
pequeñas jirafas corría detrás de su madre, buscando llamar su atención, los otros animales se
olvidaban hasta de comer y beber y se la quedaban mirando, estirando también ellos la cabeza,
como queriendo parecérsele en todo y albergar
sus mismos pensamientos arrebatados.

/40/
LOS TRES CERDITOS

No había madre que contando este cuento no terminara con el corazón traspasado de melancolía. Tenían que disimular esa melancolía, ya que lo que querían transmitir a sus niños cuando se lo contaban era la convicción de que sólo siendo previsores y esforzados podrían enfrentarse a los peligros del mundo. El cerdito pequeño construía su casita de paja y al lobo le bastaba un soplido para hacerla volar por los aires; corría entonces a la casa de su hermano, que era de madera, y al lobo le bastaba con darle un buen trompazo para que también ésta acabara en el suelo. Pero allí les estaba aguardando la casita del más previsor de los tres, que era de piedra, y el lobo terminaba quemándose al intentar colarse por la chimenea. Los cerditos cantaban agarrados de la mano, y el cuento derivaba hacia uno de esos finales alegres en que todo termina por arreglarse, que suelen hacer las delicias de los niños y las madres. Pero el problema de estas últimas era que el cerdito que de verdad robaba su corazón era el que construía la casita de paja. No sólo por verle más necesitado y por sentir que, inevitablemente, sufriría más y necesitaría de su cariño, sino porque era el más atrevido y dulce de los tres. Por eso, cuando contaban a sus niños aquel cuento, se demoraban sobre todo hablando de él, y de cómo se pasaba el día cantando por los caminos y diciendo lindezas a todos los que se encontraba. Las madres pedían a sus niños que se comportaran como los otros cerditos, pero a quien de verdad querían que se parecieran era al pequeño. Puede que pensaran que una casita de

piedra fuera el lugar más seguro para defenderse del lobo y de todos los peligros del mundo,
pero también que nada era comparable a una
casita de paja. La suya, sobre todo desde que
tenían a sus bebés con ellas, ¿no era una casita
así? Abrazaban sus cuerpos dormidos y sentían
todas las amenazas del mundo, pero también
sus tibiezas, la frescura y los aromas de la brisa,
el canto y las llamadas de los pájaros y los otros
animales. Sí, también ellas vivían en una casa
hecha de palabras y pajas, una casa que el lobo
podía destruir de un soplido pero que, mientras
permanecía en pie, era el lugar más hermoso. Se parecía a las guaridas de los animales, a
los pequeños nidos, a esos pequeños huecos
en que la lluvia se recoge en las piedras, y en los
que la vida se aquietaba un momento antes de
volver a seguir su loco e imprevisible curso.

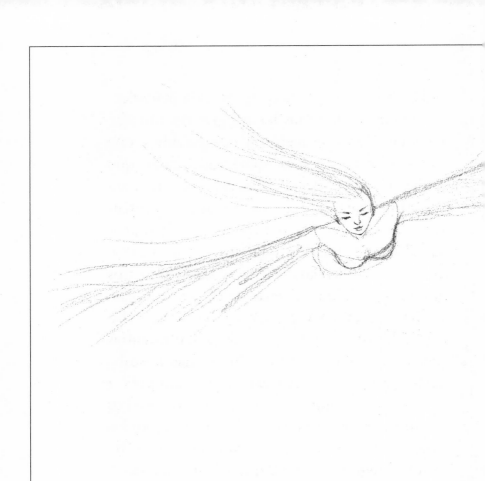

/41/
LAS MADRES PAJARO

Pocas madres sufrían más que las madres pájaro. Porque no era sólo que tuvieran que estar trajinando todo el día para satisfacer el insaciable apetito de sus polluelos, que esto lo habrían hecho sin queja, pues era su obligación, sino el que éstos fueran tan desaforados y poco agradecidos. Siempre esperándolas con aquellas bocas terribles, exageradamente abiertas, y profiriendo aquellos gritos que ponían las plumas de punta. Era extraño que aquel mundo plácido y perfecto de los huevos reposando en el nido, con sus formas rotundas y su extrema y hermosa quietud, diera lugar, cuando los polluelos salían del cascarón, a aquel otro irritado y frenético, que nada parecía capaz de aplacar. Las madres pájaro se pasaban el día yendo de un lado para otro, buscando el alimento que reclamaban sus crías, y su vuelta a casa solía ser como la escena de una película de terror. Allí las esperaban cuatro o cinco polluelos siempre hambrientos -¡pero, señor, si acababan de darles de comer!-, estirando sus picos abiertos, frenéticos y vengativos, como esos comensales maleducados que, cuando se impacientan, insultan a camareros y cocineros, y hasta son capaces de tirar al suelo las fuentes de comida si algo les parece mal. Era una tarea tan ingrata como llena de tensiones, y por eso el día en que por fin sus polluelos abandonaban el nido, por lo general cuando ya eran demasiado grandes para caber en él y no podían soportar por más tiempo las faenas y picotazos que se daban unos a otros, respiraban tranquilas. Estaban completamente exhaustas y, como es lógico, se prometían no volver a incurrir jamás en aquella locura de la maternidad. Pero luego -ay, luego-

venían ellos, los pájaros machos, con sus cantos tan locos y aquellas danzas absurdas, que la verdad es que les hacían tanta gracia, y volvían a caer en los errores de antaño y se dejaban engatusar. No era difícil entenderlo. Les hablaban de suaves nidos, de noches llenas de plumas, de alegres festines de crujientes insectos, y ellas no podían evitar que volviera a su pensamiento el recuerdo de aquellos huevos perfectos, cuya sola mención les hacía perder la cabeza. "¿No te lo decía yo?", les susurraban los muy tunantes, cuando finalmente aquellos huevos estaban a su lado, como la forma más acabada del mundo. ¿Por qué se callaban lo que venía luego? ¿Por qué no les decían que esa perfección se rompería enseguida para dar paso a aquellos polluelos frenéticos y malencarados, que habrían sido capaces hasta de comérselas a ellas si se hubieran dejado?

/42/

LAS MADRES DE LOS PRINCIPES

A algunas madres les bastaba con sentir a su recién nacido por primera vez en sus brazos para tener la certeza de que en nada se parecía a los niños de las otras. El suyo venía al mundo para reinar. Puede que vivieran en una chabola, o en alguno de esos lugares miserables que por desgracia tanto abundaban en nuestro mundo, pero a ellas no les importaba gran cosa. Y hasta cuando se disponían a darles la papilla o cambiarles los pañales inclinaban levemente la cabeza ante ellos, como si les estuvieran preguntando: "¿Acaso su majestad quiere otra cosa?". Este sentimiento las transformaba en las madres más atentas y cuidadosas del mundo, siempre pendientes de lo que sus niños príncipes pudieran necesitar, y su único problema era que solían terminar mirando a los niños normales, los que estaban destinados a transformarse en médicos, maestros y fontaneros, con una mirada de superioridad y conmiseración que no gustaba nada a las otras madres que, como es lógico, no podían admitir que hubiera niños mejores que los suyos. "Tu hijo podrá ser un príncipe -pensaban éstas, no menos orgullosas que ellas-, pero tendrá que llamar a los nuestros cuando enferme o cuando se le estropee el grifo de la bañera."

/43/
LOS NIÑOS POBRES

Y había madres, por el contrario, a las que sus hijitos les provocaban desde el principio la mayor de las penas. Solían ser las madres de esos niños que han nacido demasiado delgados o tal vez antes de tiempo, y que, cuando finalmente reposaban en la cuna, ellas no podían mirar sin un cierto estremecimiento, como si no terminaran de entender, al verles tan enclenques, el verdadero significado de aquella enorme y rotunda barriga que durante su embarazo habían exhibido triunfalmente por las calles. Les veían entonces tan frágiles, tan faltos de recursos, que enseguida se temían lo peor. Eran como esos pobres pajarillos que se caen de los nidos cuando aún son demasiado pequeños para volar, y que uno recoge estremecido, pensando que por mucho que haga no podrá sacar adelante. Por eso, en esas primeras semanas, no podían estar a su lado sin sentir unos enormes deseos de llorar, pues ¿cómo iban a sobrevivir en un mundo tan difícil? Pero pasaba el tiempo y no sólo sobrevivían sino que enseguida se habían recuperado por completo, y ellas podían pasearles por las calles orondos y satisfechos, sin que en nada se distinguieran de los otros niños de su edad. Entonces, orgullosas, se volvían extremadamente críticas con los poderes del mundo, especialmente cuando veían aquellos reportajes en televisión en que se apreciaba el hambre y la miseria que tantos bebés sufrían en el mundo. Sólo la desidia o la avaricia sin freno podían explicar algo así, ya que nada más fácil que sacar adelante a un niño y ellas eran la prueba: bastaba con unas pocas papillas y unas cuantas noches en vela.

$$34 + 56$$

/44/
LAS MADRES MAESTRAS

La verdadera vocación de estas madres era la enseñanza. En su opinión, todos los males del mundo se justificaban por una educación deficiente, y estaban decididas a que esto terminara de una vez. Por eso tenían a su niño, para demostrar al mundo que con un método adecuado podía conseguirse hacer de él lo que se

quisiera. "Dadme a un niño -parecían decirse cada mañana cuando se miraban al espejo- y yo haré de él un ladrón o un banquero." Bueno, puede que el ejemplo no esté muy bien elegido, y que después de todo ambas cosas se parezcan bastante. El caso es que, cuando estas madres por fin veían a su hijo en la cuna, después del doloroso parto, no pensaban tanto en los deleites que, en los días siguientes, se darían el uno al otro, como en que a partir de entonces tendrían la posibilidad de poner a prueba con alguien sus métodos de enseñanza. Y se aplicaban a esa tarea desde la primera noche que pasaban con él en sus casas, en que por no malcriarle decidían no acudir cuando lloraba, o darle sólo de comer cuando hubiera pasado el tiempo exacto que su pediatra aconsejaba, o que desde el primer día no compartiera su habitación. Luego, cuando iban creciendo, todo eran normas y obligaciones que tenían que cumplir sin rechistar. Sólo podían ver la televisión un tiempo determinado, debían respetar puntualmente los horarios de desayunos, comidas, meriendas y cenas, y a las nueve de la noche tenían que estar obligatoriamente acostados, después, claro está, de lavarse concienzudamente los dientes. Y, por supuesto, nada de dejar encendida la luz del pasillo. Las normas se multiplicaban, pues la educación de un niño era un asunto tan serio que no permitía ni un momento de sosiego. No podían comer golosinas salvo los días de fiesta, tenían que lavarse las manos antes de comer, y tener sus cuartos ordenados. Esto último era una de las obsesiones de las madres educadoras. Consideraban que una casa no era sino el reflejo de sus habitantes y nada las angustiaba más que el que los cuartos de sus hijitos estuvieran desordenados y sucios, dando a entender con ello que en sus pensamientos y almas reinara el mismo descuido. Eran tan implacables en este punto que amenazaban con tirarles a la basura los juguetes que no recogían y, lo que aún era más extraordinario y doloroso, llegaban a hacerlo sin vacilar, creyendo que era así como de verdad les estaban ayudando a convertirse en unos hombres y mujeres de provecho. Algunas noches de luna, sin embargo, cuando se despertaban e iban a sus cuartos para ver si dormían y si estaban tapados, las invadía un sentimiento de vacilación y tristeza. La luna iluminaba los tejados, dando a entender la existencia de un mundo y otras formas de vida que nada tenían que ver con aquella que llevaban con sus hijitos tan hermosos, y entonces se preguntaban si acaso no se estarían equivocando y no sería mejor animarles a escapar por aquel reino de chimeneas, azoteas y ventanas iluminadas, que era el reino de los amantes, los ladrones y los gatos.

/45/
LAS QUE NO SABEN EDUCAR

Pero había otro tipo de madres que no sabían en absoluto educar. Aún más, tener que hacerlo les causaba un enorme malestar, pues ellas siempre habían pensado que a los niños sólo era preciso protegerles, mimarles y darles de comer, para que crecieran a su aire sin mayores problemas, como crecen los árboles y las enredaderas. Por eso, aquella lucha diaria que suponía tener que enfrentarse a sus exigencias las llenaba de confusión y cansancio. De todas formas, conscientes de sus deberes, elaboraban planes, leían sin parar libros sobre educación, y hasta acudían a los especialistas del ramo para que las ayudaran en aquella tarea tan compleja, pero todos sus buenos propósitos saltaban por los aires cuando tenían que aplicarlos sobre su niño concreto. De hecho, les bastaba con verles en sus cunas para que no pudieran evitar sentir el deseo inmediato de darles todo lo que tenían, golosinas, juguetes, todas sus palabras y sus sueños. "¿Cómo resistirse -se justificaban- con lo guapo que es?" Todo el mundo las criticaba por ello. Sus familiares les decían que malcriaban a sus hijos, los pediatras y psicólogos que, de no poner freno a aquel caos educacional, los niños podrían terminar siendo en el futuro seres egoístas, o hasta pequeños tiranos, indiferentes al dolor de los demás. Y esto, claro, las hacía sufrir terriblemente, pues todas las madres del mundo quieren que sus hijos sean bondadosos y alegres. Trataban entonces de cambiar, de mostrarse más exigentes y firmes, pero antes o después terminaban cediendo a sus dulces chantajes, pues casi desde su nacimiento sus pequeños habían aprendido lo que tenían que hacer para conseguir de ellas lo que querían. Luego les tocaba sufrir. Se levantaban en plena noche, y viendo aquel niñito maleducado, se preguntaban lo que sería de él y si tal vez sería cierto que estaban criando a un pequeño monstruo que hasta podría llegar a pegar a las pobres muchachas que se enamoraran de él. Y volvían a sus planes para reeducarle, con la esperanza de que todavía estuvieran a tiempo de enmendar los errores que habían cometido. Pero luego, por la mañana, a sus hijitos les bastaba con detenerse ante una pastelería y pedirles uno de los pasteles, para que ellas no pudieran resistir aquel brillo de locura que había en sus ojos y enseguida entraran a comprárselo. ¿Por qué se lo iban a negar?, se decían entonces. ¿Por qué debían vivir pendientes del mañana, que aún no existía, cuando en el hoy estaban tan a gusto y eran tan felices? Y les bastaba ver a sus pequeños poniéndose perdidos con el chocolate, para tener la certeza de que todas las teorías de los psicólogos eran una tontería y de que el amor no se podía equivocar de aquella manera, aunque a veces sus caminos fueran tan raros.

/46/
LAS MADRES PEZ

Lo que más hacía sufrir a las madres pez era la ausencia en sus cuerpos de tentáculos o brazos. Estaban dotadas de aletas, pero éstas, muy útiles para desplazarse con ligereza en el agua, y elegantes como ningún otro apéndice animal, carecían de la facultad de la prensión. Ellas tenían el poder incomparable de producir en una sola descarga de sus vientres miles de huevos, y de gozar del maravilloso espectáculo de aquel banco de pequeños alevines siguiéndolas a dondequiera que iban. Ningún animal terrícola era capaz de algo así, e incluso las camadas de los más prolíficos de ellos, los conejos por ejemplo, resultaban ridículas al lado de las suyas. Capitanas de ese ejército diminuto, tenían sin embargo el problema de no disponer casi de la experiencia del contacto, ni de esa intimidad suprema que sólo los abrazos y los lengüetazos eran capaces de crear. Es cierto que algunas de ellas podían retener a sus alevines en el interior de la boca, cuando estaban en peligro, pero la boca era un órgano demasiado torpe para esas sutiles diferencias, sin hablar de que no podían evitar aquellos malos pensamientos de tragárselos, lo que, más de una vez, llegaba a suceder, y era causa, como es lógico, de grandes sentimientos de culpabilidad. Ellas veían en las profundidades del mar a las madres pulpo, o en las orillas de los ríos y playas a las madres humanas y de los otros animales, absortas en aquellos juegos inagotables con sus crías, y las envidiaban porque gracias a ellos parecían abrirse a un mundo de estremecimientos y dulzuras que no tenía parangón en el suyo. Sin contar que, con toda seguridad, era la ausencia de esos juegos lo que

hacía a sus crías extraordinariamente despega-
das, y la causa de que una y otra vez tuvieran que
asistir al siempre doloroso espectáculo de su dis-
persión. Entonces, cuando veían alejarse al último de esos pequeños seres, hermoso y brillante
como una gota de mercurio que se perdiera en
la inmensidad del mar, se preguntaban por lo que
tenía que haber sido la vida a su lado si aquel
reino de frías escamas, tensas aletas y afilados
cartílagos que era el solo mundo que conocían
hubiera podido transformarse en uno de cálidas
crestas, tibias secreciones, lenguas interminables y
tentáculos llenos de ventosas. Y algo les decía que
por haber nacido peces se estaban perdiendo lo
mejor de la vida.

/47/
LAS MADRES DE LOS SANTOS

Nada más difícil que ser madre de un santo. Aquellos niños tensos, apesadumbrados, que raras veces admitían sus caricias, y que siempre andaban ensimismados y ausentes, eran para ellas un motivo constante de preocupación. ¿A quién podían parecerse? No a ellas, desde luego, que siempre fueron unas niñas de lo más normales, ni a sus pobres maridos, que no paraban de trabajar y cuyos únicos excesos consistían en ir al fútbol los domingos y en pasarse la tarde jugando al mus con sus compañeros de taller. ¿De dónde habían sacado entonces aquella idea de que el destino del mundo dependía de lo que ellos lograran hacer? ¿Podía cambiarse ese destino? No, no era posible, se decían ellas cuando por la noche, y al ver luz en sus cuartos, acudían a ver lo que hacían. Estaban arrodillados junto a la cama, con los brazos en cruz y la cabeza hundida entre los hombros, como si pesara sobre ellos la responsabilidad de todos los males del mundo. ¿Y qué decir de cuando en pleno invierno regresaban medio desnudos a su casa, por haber regalado al primer pobre que se encontraban el abrigo, la bufanda y el gorro que les acababan de comprar? ¿O de aquella severidad con la que reaccionaban a sus solicitudes y desvelos, como si ellas fueran un estorbo, y sus caricias y los besos, cosas superfluas de las que se podía perfectamente prescindir? Pero, con todo, lo peor no era eso. Podían admitir sus noches en vela, el hecho de que en pleno invierno decidieran salir descalzos a la calle, poniendo en riesgo su salud, y el que en vez de mamá o madre, como llamaban a las suyas los otros niños, prefirieran referirse a ellas llamándolas gravemente MUJER. "Mujer, ¿no ves que ahora no puedo atenderte?", les decían, por ejemplo, si acaso ellas, preocupadas por lo que pudieran estar haciendo tanto tiempo encerrados en sus cuartos, se decidían por fin a llamar a su puerta. Pero lo peor, lo que más las hacía sufrir, era que todo lo que hacían sus hijos, su rebeldía, aquel esfuerzo inaudito de enfrentarse a los poderes del mundo, lejos de dulcificar su carácter les fuera volviendo cada día que pasaba más graves y apesadumbrados. Como si su santidad fuera una herida, un daño que tenían que infligirse, y no un camino hacia la alegría. "¡Si al menos fueran felices así!", se decían estremecidas, al ver aquellas ojeras con que salían de sus cuartos por la mañana. Y hasta pensaban con nostalgia en Jesús de Nazaret, que de vez en cuando echaba una canita al aire y, olvidado de su misión, resucitaba a un niño, transformaba el agua en vino, o multiplicaba panes y peces para dar de comer a sus amigos. Vivir sin porqué, echarse a andar sobre las aguas, ¿no era eso la alegría?

/48/
LAS MADRES DE LOS ASESINOS

Los asesinos no eran tan distintos a los otros hombres como se pensaba. También habían sido niños, asistido a la escuela, formado parte de un club deportivo y hecho la primera comunión en la parroquia de su barrio. Luego, les había dado por matar, como a otros les da por subir a las cumbres de los picos más altos, especular en la bolsa o participar en carreras de motos, pero esto no quiere decir que sus madres tuvieran que dejarles de querer. Eso pasaba con las madres, que, por muy extrañas que fueran las aficiones de sus hijos, tenían que seguir ocupándose de ellos a la fuerza. Y las madres de los asesinos no eran distintas de las otras. A ellas, claro, no les gustaba que mataran, pero tenían que aceptarlos así, pues eran los que les había tocado en suerte. No podía ser de otra forma, y si no, imaginaos un mundo en que las madres pudieran cambiar a sus hijos por otros que les gustaran más. Habría sido un lío horroroso y estarían peleándose sin descanso unas con otras. Por eso, las madres de los asesinos les aceptaban como eran, y hasta cuando volvían de sus matanzas con las camisas y los pantalones manchados de sangre, se los lavaban sin rechistar, como hacían con las hachas que habían empleado en descuartizar a sus víctimas, que ya se sabe que algunos asesinos no se conforman con matar y, para quedarse tranquilos, tienen que hacer trocitos el cuerpo de su víctima y escribir cosas desagradables en las paredes de su cuarto utilizando su sangre. Y ellas, claro, sufrían en silencio viendo aquellas aficiones tan extrañas de sus hijos, y todo el mal que causaban, pero no por eso dejaban de defenderles ni de preocuparse de ellos y así, cuando se encontraban con sus vecinas, les decían moviendo la cabeza: "No te creas, no es lo que parece". E incluso, al despedirse de sus hijos por la mañana, si acaso hacía mucho frío en la calle, no podían evitar decirles con el corazón encogido, ¡porque vete a saber lo que salían dispuestos a hacer!: "Ten cuidado, hijo mío: no te vayas a resfriar".

/49/
LAS MADRES HACENDOSAS

L as madres hacendosas no dejaban ni un solo momento de lavar, limpiar y ordenar la casa. Bañaban a su pequeña tres veces al día, la cambiaban de ropa siempre que podían, aireaban su cuarto, y todo a su alrededor tenía que relucir como un espejo. Y no era tanto que estuvieran obsesionadas por los microbios o que fueran unas locas perfeccionistas, que a lo mejor antes de tener a su hijita ni siquiera se habían preocupado de la casa, sino que a partir de su nacimiento había despertado en ellas su dulce alma de criadas. Eso era la maternidad para ellas, como entrar en una casa a servir. Y su hija, claro, era la única dueña. Tenían que estar pendientes de su ropa, de los horarios de sus comidas, de sus baños y de sus sesiones de belleza, pues su única misión era que no le faltara de nada y que siempre estuviera impecable. Y luego, les bastaba con verla tan resplandeciente en su cochecito lleno de medallones y de sábanas bordadas para sentir el orgullo legítimo que debían de sentir las doncellas rusas que atendían a los hijos del zar cuando, después de arreglarles y peinarles, les dejaban en manos de sus padres para que éstos los mostraran en las recepciones a los embajadores extranjeros. ¡Y pensar que los bolcheviques les habían mandado matar! El mundo está completamente loco. Qué tenía que ver la revolución con la muerte de unos niños tan educados. Bastaba este pensamiento, y el recuerdo de esa matanza cruel, para que sus corazones se estremecieran con la idea de que a su hijita pudiera pasarle algo igual y que fuera presa de la locura, por ejemplo, del repartidor de butano. Pero enseguida, sobre todo cuando terminaban de vestirla y se la quedaban mirando como si fuera la Virgen Niña en un altar engalanado, aquellos temores desaparecían. Entonces estaba tan guapa que, de no haberles parecido una falta de respeto, se habrían puesto a bailar y a batir palmas ante ella. Luego salían a la calle, y elegían para pasear los lugares más frecuentados. "¿A que no has visto nada igual?", parecían preguntar con sus ojos a los paseantes cuando pasaban a su lado. Y, si por ellas fuera, habrían llevado una campanilla para advertirles a todos que estuvieran atentos y que no se perdieran aquella hermosura. Y, cuando finalmente se detenían en uno de los bancos del paseo, su excitación era tanta que no podían evitar inclinarse sobre su hijita y preguntarle al oído con su mejor sonrisa: "¿Quiere algo más la señora?".

/50/
LAS MADRES DESPREOCUPADAS

L as madres despreocupadas parecían desmentir esa idea generalizada de que existe un instinto, una disposición natural, que lleva a todas las mujeres a proteger y cuidar a sus crías. Ellas tenían niños y hasta puede suceder que estuvieran encantadas con su maternidad y llegaran a mostrar sus bebés a sus amigas con complacencia, pero nunca de forma diferente a como habrían mostrado un abrigo o un bolso nuevo. Es decir, como algo que, tras esos primeros instantes de euforia que siempre se asocian al hecho de estrenar, muy pronto terminará olvidado en el armario, sustituido por la nueva moda. Las madres despreocupadas no llegaban a vivir la llegada de su bebé como una amenaza, ni siquiera como un fastidio, sino a lo sumo como una vaga interferencia, una nubecilla en ese día

radiante que es el tiempo de su juventud y de su belleza. Como un hecho, en suma, que pertenecía a la esfera de las declaraciones casuales de amor, de la espuma que se formaba en la bañera o del humo de los cigarrillos. Era como si no hubieran llegado aún a ese estadio de la permanencia del objeto, descrito por la psicología, y les bastara con no tener a sus niñitos delante para que éstos simplemente dejaran de existir. Por eso podían olvidarse de ellos en la escuela, en una tienda en que entraban a comprar, o incluso en la butaca de un cine. Los niños de las madres despreocupadas vivían por esta causa en un mundo azaroso e incierto, en el que no cabía hacer previsión alguna de futuro. Por eso, cuando crecían, se hacían actores, políticos o guías turísticos. Esas profesiones en que uno aprendía a amar lo que estaba más cerca, como hacían los perros.

/51/
LAS MADRES VICTIMAS

Podían tener los niños más buenos del mundo -los que dormían y comían mejor, los que se conformaban con cualquier cosa, la tapadera de una cazuela, un ovillo de lana, una caja de zapatos- y, sin embargo, ellas no paraban de quejarse un solo momento. "Estoy al borde del suicidio, desde que has nacido no he podido dormir, me tienes desquiciados los nervios", les decían a sus bebés agitándose de un lado para otro, mientras éstos las miraban confundidos y atribulados, incapaces de entender ese enigma que eran para ellos aquellas madres tan nerviosas. "Hablar contigo es como predicar en el desierto", insistían ellas, aunque sus bebés no les dieran motivo y se limitaran a mirarlas con esos ojos redondos en que flota la dulce melancolía de los animales herbívoros. Ellas siempre tenían que parecer apuradas, desviviéndose por atenderles, sin un solo segundo para respirar. Eran capaces, si estaba dormido, de levantarle y pasearle de un lado para otro del cuarto, diciendo: "No llores, no llores, vas a acabar con nosotros". No les importaba tener a los bebés más buenos del mundo, esos bebés a los que les gustaba todo -las canciones, el sonido de la radio, hasta los partidos de fútbol por televisión-, ellas necesitaban sentir que la maternidad era disposición plena, sacrificio, crisis de identidad, viaje sin retorno al reino del otro. Una esclavitud. Luego, de mayores, se volvían aún más terribles, pues su alma solía llenarse de reproches y se pasaban el día llamando a sus hijos por teléfono para quejarse del abandono en que las habían dejado. "Terminarás llevándome a una residencia de ancianos", les decían. Y como una y otra vez volvían a esa cantinela,

166

éstos, en efecto, incapaces de soportar por más tiempo su destemplanza, un buen día las llevaban a esa residencia en que ellas entraban no entristecidas o a regañadientes, como hacían las otras ancianas, sino con una apenas contenida sonrisa de satisfacción, como dando a entender a todos que sus pensamientos más pesimistas tenían una base fundada y que aquella era la irrefutable prueba. Y todavía en la puerta, cuando sus hijos se estaban marchando cariacontecidos, tenían tiempo de retenerles un momento para hacerles su último y más terrible reproche: "Sacrifiqué mi vida por ti, ¿es así como me pagas?".

/52/
LAS MADRES POSESIVAS

Había madres que nunca estaban dispuestas a renunciar al poder que habían tenido sobre sus hijos mientras eran pequeños. Su trato con ellos siempre había sido un trato tenso, lleno de reproches, como si ya desde su nacimiento les estuvieran culpando de las infidelidades en que incurrirían al crecer. Esas madres les contaban historias terribles, que hablaban de la infinita generosidad de las madres y del egoísmo no menos infinito de los hijos. Una de estas historias era la historia del hijo que mataba a su madre para quitarle el corazón y llevárselo a su amante, que se lo había pedido. Y ellas, cuando se la contaban, se demoraban especialmente en la escena en que aquel hijo cruel, que corría con el corazón arrancado, tropezaba y caía por las escaleras. Tan grande era el amor de aquella madre que, a pesar de la terrible traición, su voz brotaba del corazón sangrante para preguntarle: "Hijo mío, ¿te has hecho daño?". Pobre del niño que hubiera escuchado esta historia de labios de su madre. Cuando creciera y tuviera alguna amiga, estaría condenado a no poder confiar en ella jamás. De forma que, por mucho que llegara a amarla, evitaría comprometerse, temeroso de que antes o después pudiera llegar a pedirle el corazón de su madre, y que él, como había sucedido en aquella historia, tuviera que obedecerla. Madres, amantes, amigas... eso serían ya para siempre las mujeres para ellos: oscuros traficantes de órganos en la feria del mundo.

169

/53/
LAS MADRES ENVIDIOSAS

L as madres envidiosas siempre andaban en-
caprichándose de los bebés ajenos. Era
como una enfermedad que las hacía vivir
más atentas a los niños de las otras que a los suyos
propios. Si iban de paseo, por ejemplo, no podían
dejar de comparar sus cochecitos y a sus niños
con aquellos que llevaban las otras madres. Y
siempre encontraban un motivo de queja. Que si
el modelo era más alegre y moderno, que si sus

sábanas y edredones eran más delicados y, finalmente, que si el bebé que dormía en su interior
era más rollizo y hermoso que el suyo. "¿Cuánto
tiempo tiene?", era lo primero que preguntaban
a las otras madres cuando coincidían con ellas
durante el paseo. Y enseguida empezaban a tirarles de la lengua y se enteraban de si dormía bien
o mal, si era buen comedor, si ya se miraba las
manos o había empezado a articular sílabas y a
llevarse los objetos a la boca. Luego comparaban
estos datos con los de sus bebés, a los que por lo
general consideraban bastante birriosos y poco
evolucionados, pues las personas envidiosas se
caracterizan por valorar en mayor medida que lo
propio lo que les es ajeno y no pueden tener.
Luego, al llegar a casa, a veces no podían con-
tenerse y se echaban a llorar. "Pero ¿qué te pasa,
mujer?", les preguntaban sus maridos. Y ellas
estaban tan rabiosas que les decían airadas que las
dejaran en paz, pues su orgullo de madre les im-
pedía reconocer que podía haber en el mundo
bebés más rollizos y hermosos que el suyo. "Qué
mala suerte, qué mala suerte", se repetían una y
otra vez para sí, como si los niños los repartieran
al buen tuntún y a ella le hubiera tocado uno de
los peores. Y tenían a menudo la tentación del

rapto, de aprovechar un instante en que las madres de los bebés más rollizos estuvieran distraídas para cambiarlos por el suyo y escapar a toda prisa llevándose en los brazos la apetecida presa. No llegaban a hacerlo, claro, entre otras cosas porque temían ser descubiertas. Pero, sobre todo, porque eso habría supuesto desprenderse de su bebé, lo que en el fondo, a pesar de lo poco que lo consideraban, no querían hacer. Ellas podían estar disconformes con su talla y su peso, con aquellas manchas que tenían en la piel, o su pelo demasiado hirsuto, pero al fin y al cabo eran los suyos, y su locura no llegaba a tanto como para echar por tierra la existencia de ese maravilloso vínculo. Su fantasía, entonces, no era desprenderse de ellos, sino ir tomando de los bebés ajenos sus partes mejores y cambiarlas por las del suyo. De forma que de uno tomarían los pies, de otro los ojos y las orejas, de otro su apetito y sus carnecitas tan prietas, o de otro, en fin, el brillo de su piel o aquellas encías perfectas donde dos pequeños dientes anunciaban dulces perversidades. Y así, un buen día tendrían por fin con ellas al bebé perfecto, y serían la envidia de todas.

/54/
LOS NIÑOS EQUIVOCADOS

Lo pensaban desde el primer momento, cuando las enfermeras, después del parto, les llevaban a los niños arreglados y vestidos, para que los vieran y empezaran a ocuparse de ellos. "No, éste no es", se decían negando con la cabeza. Y como no querían cogerle y enseguida les entraba una llantina horrorosa, los médicos hablaban de una depresión postparto y les pedían a sus maridos que tuvieran paciencia, pues era

175

una reacción muy común entre las recién paridas, que aceptaban con dificultad que aquel niño que habían llevado en sus vientres durante nueve meses se hubiera separado de ellas para siempre. Pero esto no era cierto. En realidad, todas las mujeres estaban hartas de llevar a aquellas criaturas en sus barrigas, por lo que nada deseaban más que ponerlas de una vez en el mundo. Su tristeza tenía que ver con la sospecha de que habían tenido un niño equivocado. Es difícil saber qué las llevaba a pensar así. Era algo que no se atrevían a confesar a nadie, ni siquiera a sus maridos, pero de lo que cada día que pasaba estaban más convencidas. Unas veces eran sus movimientos; otras, la expresión de su cara cuando les daban de mamar; otras, en fin, su forma de reírse y reaccionar a sus caricias en la bañera; el caso es que todo eran signos de que aquel bebé no podía ser el suyo, y de que en algún lugar de aquel misterioso camino que era la concepción y el parto había tenido lugar un error que había hecho llegar a sus manos un niño que no era en absoluto el que les correspondía. Eran esas madres, en efecto, que cuando se enfrentan a sus hijos no pueden dejar de sentir un sentimiento de confusión y extrañeza, como si se quedaran

con ganas de preguntarles: "¿De quién eres tú?".
Aun así, se portaban bien con esos niños. Incluso
más, eran madres solícitas que se preocupaban de
su bienestar y de proporcionarles lo que necesitaban. Pensaban que en algún lugar del mundo
habría otras madres sufriendo lo mismo que ellas,
y que un pacto de silencio las obligaba a ocuparse de aquellos niños que no les pertenecían
como si fueran los propios. Un cruce de genes,
una alteración no aclarada de las leyes de la naturaleza, había provocado aquel efecto inde-
seable, y ellas atendían con esmero a sus niños
equivocados, convencidas de que, en algún lugar
de la tierra, la madre que tenía a su verdadero
hijo estaba haciendo lo mismo a cambio de su
sacrificio.

/55/
LAS MADRES NIÑAS

L a noticia de su embarazo las sorprendía cuando aún andaban con calcetines cortos y saltando a la comba. Ignorantes de lo que se avecinaba, vivían aquel tiempo de espera, tras el sofocón inicial, como una de esas interminables tardes de domingo de su aún cercana infancia. Tardes llenas de juegos en que habían fantaseado con sus amigas sobre maestras, madres y tenderas, y en que muñecos y objetos minúsculos habían sustituido el siempre decepcionante y previsible mundo de los adultos. Recibían por eso a su niño, cuando por fin nacía, como si fuera uno de esos bebés de caucho que les habían regalado de niñas y que siempre muestran, cuando se les coge, su expresión más complaciente y hermosa. Pero los niños tenían su propia vida y enseguida les hacían ver que no estaban dispuestos a ponerles fáciles las cosas. Protestaban ante su torpeza, las hacían levantarse por las noches y las sumían con sus feroces demandas en un mundo irritado e imprevisible que las llevaba al borde de la desesperación, como sucedía en las películas de miedo con esos muñecos de los ventrílocuos que de pronto empezaban a vivir por su cuenta. Luego, cuando por fin se quedaban dormidos, se acercaban a ellos de puntillas y los miraban largamente, preguntándose qué podía haber pasado para que uno de aquellos bebés apacibles de sus juegos infantiles pudiera haberse vuelto tan complicado. Y añoraban aquel mundo exacto, de objetos minúsculos y dulces ferocidades, en que su fantasía era la única dueña, y en que cosas y seres se adaptaban complacientes a lo que querían. Y la vida era como ese recién llegado, ese niño maligno, que pide ser aceptado en el juego y termina imponiendo a sus anfitriones sus imprevisibles y oscuras exigencias.

/56/
EL COMPLEJO DE EDIPO

La historia del pobre Edipo, del oscuro presagio que le había perseguido desde su nacimiento y, finalmente, de la muerte de su padre, el rey de Tebas, y de su matrimonio con su propia madre, obsesionaba a todos los hijos varones del mundo. Puede, de hecho, que no hubiera una historia que les estremeciera más que ésa, y bastaba con recordársela para que, llenos de espanto, rechazaran los besos y caricias de sus madres y sólo pensaran en irse cuanto antes de casa. Y a ellas, las madres, les hacía gracia que se lo tomaran con aquella gravedad. Estaba claro que era una historia un poco fuerte, y que Edipo había tenido razones para disgustarse, sobre todo por haber sido un triste juguete del destino, pero sacarse los ojos al descubrir lo que pasaba era una exageración desde cualquier punto de vista que se mirara. Y no es que pensaran ellas, en absoluto, que eso de que hijos y madres fueran amantes estuviera bien, pero ¿no habían dormido mil veces juntos cuando eran pequeños? Aún más, ¿no se habían visto desnudos, no se habían llenado el cuerpo de besos y se habían dicho al oído las cosas más locas? No estaba bien que hubieran llegado a tanto, es cierto, pero, si todo había sido un error, ¿por qué darle tanta importancia? Sobre todo, ¿por qué arrepentirse? Puede que con el paso del tiempo, cuando pensaran en ello, hasta llegaran a encontrar sus secretas compensaciones. "Y mientras tanto –se decían con una sonrisa cuyo verdadero significado sólo ellas conocían–, pelillos a la mar."

/57/
LAS MADRES FEAS

Alguien había dicho que todos tenemos nuestros quince minutos de gloria, y para las madres feas esos minutos solían coincidir con el nacimiento de sus hijos. Y no sólo porque todos los bebés suelen ser encantadores y hermosos, sino porque estas características, en el caso de las madres feas, parecían multiplicarse por mil. Nadie sabía por qué, pero era un hecho más que comprobado que las madres feas solían tener hijos que eran la envidia de todas las mujeres del mundo. "La suerte de la fea, la guapa la desea", ¿no decía eso un conocido refrán? Y, en efecto, aquellos niños eran de los que llamaban la atención. Ellas mismas no terminaban de entenderlo, y se preguntaban cómo aquellos niños, que parecían arrebatados a las más guapas actrices de cine, podían estar en sus brazos, pero tampoco dedicaban demasiado tiempo a aquellas preguntas y se aprestaban a aprovecharse de ello todo lo que pudieran. Eso sentían, que por fin había llegado su momento. Entonces ellas, que acomplejadas por su fealdad siempre habían rehuido la calle y los lugares públicos, se transformaban en las madres más peripatéticas del mundo y se pasaban el día yendo de un lado para otro empujando felices y atrevidas el cochecito de sus niños. No desaprovechaban, sobre todo, ni una sola mañana soleada. Entonces, las primeras en estar en los paseos eran ellas. Saludaban sin descanso a conocidos y extraños y, al tiempo que les mostraban aquella hermosura que era su niño, parecían decirles con una sonrisa complacida: "¿A que os habíais equivocado conmigo?".

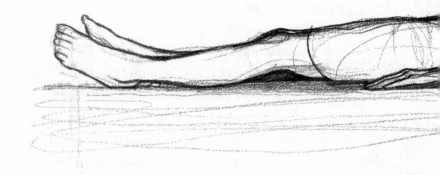

/58/
LAS MADRES MUERTAS

Nada podía separar a una madre de su hijo, al menos mientras éste era un bebé. Terremotos, inundaciones, terribles injusticias, podían irrumpir en ese jardín cerrado que era su amor, desbaratando su orden de claridad y

de pañales perfumados, pero ellas siempre estaban dispuestas a empezar otra vez. Ni siquiera la
muerte conseguía separarlas de ellos. Porque sucedía a veces que una madre moría siendo su
niño aún un bebé. Era una situación que entris-

tecía a todos los que vivían alrededor de ese niño, haciéndoles pensar que sería para siempre un desgraciado. Pero tampoco entonces les abandonaban sus madres muertas. Nadie se daba cuenta, pero ellas seguían viniendo a verles. Lo hacían cuando todos dormían. Volvían a sus casas y, como tantas veces habían hecho en vida, recorrían el camino que las llevaba al cuarto de sus niños. No podían hacer nada por ellos, ni siquiera el gesto mínimo de cubrirles con las mantas si acaso se habían destapado, pues las muertas no tienen poder alguno sobre las cosas reales, pero les contemplaban largamente. Y no había en el mundo nada comparable a esa mirada, que era la mirada del que sabía que ya no regresaría nunca. Muchas madres intuían esto, y de pronto miraban a sus hijitos con los ojos de las que ya no estaban en el mundo. El dolor que sentían entonces era muy intenso, pues les parecía que nunca más podrían tocarlos ni tenerlos en sus brazos, pero también su placer, pues nunca sus bebés eran más radiantes y hermosos que contemplados desde esos ojos que nada podían, pues la belleza tiene que ver siempre con lo que no pertenece a nadie ni se puede guardar. "Una fruta que se mira sin alargar la mano. Una desgracia que se contempla

186

sin retroceder", había escrito una muchacha francesa que, sin embargo, no había conocido el asombro de la maternidad. Y se preguntaban de quién iba a ser aquella hermosura si ellas faltaran alguna vez. Qué ladrón o ladrona se llevaría a su bebé a su cueva, y si sabría darse cuenta de lo que robaba y de lo que podía necesitar. Y entonces pedían en sus oraciones a las madres muertas que, si alguna vez sucedía algo así, les dieran a esos ladrones sus ojos y que les enseñaran a mirar por ellos a sus bebés robados, pues sólo esos ojos sabían hacer justicia al milagro de su belleza.

/59/
LA VIRGEN MARIA

Todas las primíparas eran como María, la madre de Jesús. Creían que a sus hijos se los había traído un ángel y que su nacimiento era un milagro. Que cuando fueran mayores serían justos y buenos, que se pondrían de parte de los débiles y consolarían a los otros niños del dolor.

ÍNDICE

ESTE LIBRO
SE HA TERMINADO DE IMPRIMIR
EN CAPELLADES,
EN EL MES DE NOVIEMBRE
DEL AÑO 2003.

TÍTULOS PUBLICADOS

Sobre literatura,
Umberto Eco

Tres pájaros de cuenta y tres cuentos olvidados,
Miguel Delibes

Dalí y otros amigos,
Oscar Tusquets Blanca